◎ 浙江省交工股份集团有限公司科技项目资助

红土砾石工程特性及其在路面工程中的应用

◎ 刘 泽 方俊杰 著

中国矿业大学出版社

China University of Mining and Technology Press

·徐州·

图书在版编目（CIP）数据

红土砾石工程特性及其在路面工程中的应用 / 刘泽，方俊杰著. —徐州：中国矿业大学出版社，2019.12

ISBN 978-7-5646-4578-6

Ⅰ.①红… Ⅱ.①刘…②方… Ⅲ.①红土－砾石铺盖－路面基层－道路工程－研究 Ⅳ.① U416.213

中国版本图书馆 CIP 数据核字 (2020) 第016559号

书　　名	红土砾石工程特性及其在路面工程中的应用
著　　者	刘　泽　方俊杰
责任编辑	耿东锋
出版发行	中国矿业大学出版社有限责任公司
	（江苏省徐州市解放南路　邮编 221008）
营销热线	（0516）83884103　83885105
出版服务	（0516）83995789　83884920
网　　址	http://www.cumtp.com　E-mail：cumtpvip@cumtp.com
印　　刷	湖南省众鑫印务有限公司
开　　本	710 mm×1000 mm　1/16　印张 11.5　字数 161千字
版次印次	2019年12月第1版　2019年12月第1次印刷
定　　价	78.00元

（图书出现印装质量问题，本社负责调换）

刘　泽　男，湖南攸县人，副教授，工学博士，硕士生导师，毕业于中南大学土木工程专业（岩土工程方向），现为湖南科技大学土木工程学院教师，主要从事新型支挡结构和特殊土处理的科学研究与教学工作。先后主持或参与完成国家自然科学基金项目、铁道部科技攻关项目、交通部科技计划项目、湖南省自然科学基金项目、浙江省交通科技项目、浙江省建设科技项目等30多项，承担企业委托项目十多项，主笔完成地方规范和行业指南各1项，获省部级科学技术进步一等奖2项、二等奖2项、三等奖4项，发表论文50余篇，获专利30多项、计算机软件著作权2项。

方俊杰　男，浙江金华人，高级工程师，硕士，国家注册一级建造师、实验检测工程师，现为浙江交工国际工程有限公司副总工程师，长期从事国内外交通工程建设与管理工作，主持完成的多项研究成果（如软岩隧道二衬裂缝控制、软岩隧道加宽段车行横洞开挖方法、数控钢筋弯曲机送料装置研究等）获得省部级一、二等奖励，参与完成了"浙江省高速公路施工标准化管理细则""小箱梁预制标准化施工指南"多项地方标准。

前　言

随着"一路一带"倡议的推进，非洲各国纷纷响应，努力抓住机遇发展自己；国内的企业也纷纷走出国门，参与非洲的建设。非洲地区工业基础薄弱、优质路面资源缺乏，使道路建设面临资源短缺问题。但在非洲广泛分布有一种由黏性土与碎砾石组成的红土砾石，具有较高的强度，常用于路基填筑。若能将其用作路面基层或底基层材料，必将带来巨大的技术、经济和环保效益。

为深入了解红土砾石的工程特性并将其用于工程建设，解决中国企业在非洲面临的实际问题，笔者及科研团队在浙江省交通行业建设协会重点项目"红土砾石路面（底）基层性能及其工程应用（编号：2015A01）"（项目成果获2018年中国公路建设行业协会科技进步一等奖）的资助下，以刚果（布）基班古至多利吉（Kihangou-Dolisie）段道路整治和沥青铺设工程为依托，以刚果盆地红土砾石和国内桂林红土砾石为研究对象，通过室内试验获得国内外红土砾石的工程特性，结合国内外规范和技术文件要求，分析了两种红土砾石路用的可行性，再以水泥、石灰为结合料，对不同掺量水泥、石灰稳定红土砾石的工程性能开展了一系列的试验，分析了稳定红土砾石的强度特性、用作路面基层的可行性以及结合料的最佳掺量；采用正交试验理论安排路面结构设计影响因素，对稳定红土砾石用作路面基层的合理结构与厚度进行了分析；结合依托工程建设，开展了红土砾石用作路面基层的工程应用。

本书一共分为七章。其中第1~4章及第6章、第7章由刘泽撰写，第5章由方俊杰撰写。

本书是在科研成果报告的基础上形成的，第一作者所指导的研究生黄凯峰、谷明、何矾等人做了大量的研究工作，部分引用了第一作者所指导的学生黄凯峰、谷明等人的学位论文。课题参加人员吴佑平、翁艾平、邢渊、范雪强、朱如武、朱军光、丁虎鸥、吴小敏、诸葛跃芳、廖军旗、邵宏、梁赟赟、何奔洋等提供了大量资料，并提出了宝贵的修改意见。在本书的整理过程中李长利、何矾、陈丽、廖鹏等做了大量的整理工作。课题合作单位浙江交工国际工程有限公司、华汇工程设计集团股份有限公司、浙江省交通规划设计研究院有限公司等在科研过程中提供了大力支持与帮助，在此表示感谢！

随着国内外相关领域的研究和工程建设的不断发展，新材料新技术不断涌现、工程所处的环境千差万别、荷载条件复杂多变，加之作者水平有限，书中难免有不当甚至错误之处，敬请读者批评指正。

著　者

2019年10月

目 录

第1章 绪论 ·· 1
  1.1 问题的提出 ·· 1
  1.2 国内外研究现状 ·· 2
     1.2.1 路面结构研究现状 ·· 2
     1.2.2 半刚性基层的研究现状 ··· 5
     1.2.3 红土砾石研究现状 ·· 10
  1.3 研究内容与思路 ·· 12
     1.3.1 主要研究内容 ·· 12
     1.3.2 研究思路 ·· 13

第2章 红土砾石的工程特性与路用性能分析 ························ 15
  2.1 红土砾石的成因与工程特性 ·· 15
     2.1.1 国内外红土砾石的成因 ·· 15
     2.1.2 刚果红土砾石的工程特性 ···································· 16
     2.1.3 桂林红土砾石的工程特性 ···································· 18
     2.1.4 红土砾石路用可行性分析 ···································· 22
  2.2 稳定红土砾石路用性能试验 ·· 24
     2.2.1 试验目的与方案 ··· 24

  2.2.2 稳定红土砾石无侧限抗压试验 ·················· 25

  2.2.3 稳定红土砾石 CBR 试验 ······················· 29

  2.2.4 稳定红土砾石的崩解性试验 ···················· 32

  2.2.5 稳定红土砾石的渗透性试验 ···················· 39

  2.2.6 稳定红土砾石的干缩性试验 ···················· 42

  2.2.7 稳定红土砾石的干湿循环试验 ·················· 45

  2.2.8 稳定红土砾石回弹模量试验 ···················· 47

 2.3 本章小结 ··· 50

第3章 改良红土砾石强度特性试验研究 ················ 53

 3.1 引言 ··· 53

 3.2 试验原理与试验方案 ······························· 53

 3.3 试验仪器 ··· 55

 3.4 试验步骤 ··· 56

  3.4.1 取样和试样制备 ······························ 56

  3.4.2 试样饱和 ···································· 58

  3.4.3 试样安装 ···································· 59

  3.4.4 仪器操作 ···································· 60

 3.5 素红土砾石强度特性 ······························· 61

 3.6 改良方法与作用机理探讨 ··························· 63

  3.6.1 石灰改良机理 ································ 63

  3.6.2 水泥改良机理 ································ 65

 3.7 石灰改良红土砾石强度特性 ························· 66

  3.7.1 石灰土破坏形态分析 ·························· 66

  3.7.2 石灰土应力 - 应变曲线分析 ···················· 67

           3.7.3 石灰土的强度变化规律 ·················· 69
           3.7.4 石灰土力学参数分析 ·················· 70
   3.8 水泥改良红土砾石强度特性 ·················· 73
           3.8.1 水泥土破坏形态分析 ·················· 73
           3.8.2 水泥土应力-应变曲线分析 ·············· 74
           3.8.3 水泥土强度变化规律 ·················· 75
           3.8.4 水泥土力学参数分析 ·················· 77
   3.9 本章小结 ······························ 79

第4章 稳定红土砾石沥青路面合理结构分析 ·············· 81
   4.1 路面设计指标与结构形式 ···················· 81
           4.1.1 路面设计指标 ······················ 81
           4.1.2 典型路面结构形式 ·················· 82
   4.2 稳定红土砾石沥青道路设计方法 ················ 83
           4.2.1 道路设计控制指标计算 ················ 83
           4.2.2 设计方法 ························ 84
   4.3 依托工程路面结构分析 ······················ 87
   4.4 稳定红土砾石在路面结构中的合理厚度分析 ·········· 98
           4.4.1 用于半刚性结构时的合理厚度分析 ·········· 98
           4.4.2 用于柔性结构时的合理厚度分析 ············ 106
   4.5 本章小结 ······························ 116

第5章 稳定红土砾石基层路面结构数值分析 ·············· 119
   5.1 引言 ·································· 119
   5.2 FLAC 3D 软件 ···························· 119

5.3 依托工程路面结构特性分析 121
5.3.1 模型建立 121
5.3.2 荷载等效方法 122
5.3.3 材料参数 123

5.4 红土砾石基层的结构特性 124
5.4.1 红土砾石（底）基层力学响应分析 124
5.4.2 改良红土砾石（底）基层力学响应分析 126

5.5 基层模量与厚度对路面结构受力的影响分析 127
5.5.1 路表弯沉 128
5.5.2 层底应力 129

5.6 本章小结 132

第6章 红土砾石在路面工程中的应用 133

6.1 工程背景 133
6.1.1 工程简介 133
6.1.2 技术要求 133

6.2 红土砾石改良 135
6.2.1 材料准备 135
6.2.2 稳定红土砾石 139

6.3 水泥稳定红土砾石底基层现场试验 141
6.3.1 试验段施工方案 141
6.3.2 试验段施工流程 141
6.3.3 试验段道路质量检测 144
6.3.4 水泥稳定红土砾石底基层施工质量控制要点 147

6.4 水泥稳定红土砾石底基层施工方法 148

  6.4.1 施工组织与施工工艺 …………………………………………… 148
  6.4.2 施工方法 ………………………………………………………… 151
  6.4.3 施工注意事项 …………………………………………………… 155
 6.5 本章小结 ……………………………………………………………… 157

第7章 结论与展望 ……………………………………………………… 159
 7.1 主要研究结论 ………………………………………………………… 159
 7.2 展望 …………………………………………………………………… 163

参考文献 …………………………………………………………………… 165

第1章 绪　　论

1.1　问题的提出

随着国民经济的不断发展，中国的综合国力越来越强，中国的世界责任感也越来越强，对第三世界国家的援助也越来越多，特别是对非洲国家基础工程建设的援助力度很大。许多非洲国家也抓住契机大力开展各种建设以促进经济发展。近年来公路建设是非洲国家建设的一个重点，许多非洲国家不断加大公路建设投资，我们国内的许多企业也纷纷走出国门，参与非洲的建设，努力为世界的共同发展出策出力。

公路建设时路基填料一般根据当地条件，就地取材。但路面（底）基层是路面结构中一个重要组成部分，不仅承受着来自面层的行车荷载，而且受到气候影响，在结构上起着承上启下的作用，其强度、刚度、水稳性、抗冻性以及抗裂性对道路功能的正常发挥与耐久性影响重大。国内外多采用水泥、石灰、沥青等稳定类材料或混凝土铺筑，而非洲各国的工业基础薄弱，国内常见的水泥、石灰不仅价格高，而且不容易获得。刚果（布）2号公路二期道路和基班古至多利吉（Kihangou-Dolisie）段道路整治和沥青铺设工程均位于刚果热带草原，路线长度分别为199 km和93.345 km。当地水泥价格昂贵，岩石资源稀缺，使路面底基层铺筑面临材料短缺、施工成本高昂的困难，而沿线的红土砾石资源比较丰富，如果可以使用当地丰富的红土砾石作为铺筑材料，不仅可以降低成本，而且能使工期得到保证。

研究表明，非洲地区的红土砾石是因旱季、雨季循环交替气候而形成的一种岩土体，为红色（红棕色、黄色或褐色），土中含有大量不同粒径的天然细沙、砾石，具有较高的强度和水稳定性。20世纪80年代法国人曾采用红土砾石作为路基材料，并取得较好效果。文献资料表明，国内北京、桂林等地也分布有一种同名"红土砾石"材料，但现有研究仅限于其地质成因，对其工程性能的研究非常少。如果能将红土砾石用作（底）基层必将给国内企业在非洲承接道路工程带来巨大的技术、经济和环保效益，有力地提高企业的竞争力。

1.2 国内外研究现状

1.2.1 路面结构研究现状

自从我国20世纪60年代初期大规模开发石油资源开始，沥青路面铺筑在我国拉开大幕。由于沥青混凝土路面具有耐磨、表面平整、行车噪声小、施工工期短、无接缝、行车舒适、振动小及养护维修简易等一系列优点，我国高等级公路中，沥青混凝土路面占80%~90%。沥青路面搭配的基层类型主要有三类：刚性基层、半刚性基层以及柔性基层。沥青路面基层结构材料分为三大类：柔性基层材料（级配型集料、沥青碎石、沥青贯入型碎石）、半刚性基层材料（水泥稳定土、石灰稳定土、工业废渣稳定土）、刚性基层材料（水泥混凝土）。基层结构层的存在能够有效减少沥青面层的厚度，从而降低沥青路面的总造价，具有良好的经济效益，所以基层材料的研究对路面设计和施工有重要的参考价值。由于半刚性材料不仅具有较高的刚度，而且具有良好的力学性能、整体性和板体性，而大大减少了沥青面层所产生的弯拉应力。目前，半刚性材料基层是我国沥青路面道路的主要结构形式，约占沥青路面中的95%。河南、甘肃、天津、湖北、广西等省份的公路管理部门还与科研单位、高等院校等开展合作，对半刚性基层沥青面典型结构开展系统性的研究，提出了一些典型路面基层结构（表1.1）并用于指导公路建设。

表1.1 部分地区高等级沥青路面基层典型结构

公路名称	基层结构	
	基层	底基层
石太高速	18 cm+22 cm 二灰碎石	20 cm 石灰土
沈大高速	20~25 cm 水泥砂砾	15~20 cm 矿渣土
成锦高速	25~30 cm 二灰砂砾	20~28 cm 级配砂砾
青红高速	20 cm 水泥稳定土	20 cm 二灰稳定土
新郑高速	18 cm+20 cm 水泥稳定碎石	20 cm 水泥石灰稳定土
深圳济南大道	40 cm 水泥稳定石屑	20 cm 水泥稳定石屑
京津塘高速	25 cm 水泥稳定砂砾	20~45 cm 二灰稳定土

一些学者对不同地区的路段进行了调查研究。张晓冰等调查得出，对于高速公路，面层厚度一般为12~16 cm，基层、底基层总厚度为50~60 cm。对于一级公路，面层厚度为8~12 cm，基层、底基层总厚度为40~55 cm。对于二级公路，面层厚度为6~10 cm，基层、底基层总厚度为35~45 cm。武和平研究认为，在重冰冻地区，半刚性基层的最小厚度应为20 cm，且随交通量的增加，宜采用厚半刚性基层50~55 cm。

半刚性基层沥青路面的承载能力主要依靠半刚性基层，因此承载能力改变时主要通过改变基层的厚度来实现。适当增加半刚性基层的厚度，有利于提高基层材料整体刚度，减少底面的弯拉应力。有资料表明，当半刚性基层的厚度从30 cm提高到38 cm时，其路面综合成本将降低32%。当然，半刚性基层的厚度并非越厚越好，国内外研究资料表明，半刚性基层达到一定厚度后，继续增加其厚度，将不会明显地提高路面的承载力，而且造价也会相应提高。

相比之下，国外的路面结构形式较为多样，既有半刚性基层路面，也有采用柔性基层沥青路面的，部分国家还采用混合式结构。国外大多数情况下将半刚性材料放置于底基层（表1.2），主要作用是加强路基，一般用于路基有问题的道路，并不是像国内将其作为主要的承重结构层。国外混合式结构中，在半刚性底基层上铺筑级配碎石和沥青稳定碎石等柔性材料层。这种结构排水性能好，透过沥青面层的水分在达到半刚性基层前先进入级配碎石层，可以横向排走，不会损伤半刚性基层表面，产生浮浆，再就是隔断了半刚性基层收缩开裂引起的反射裂缝。但级配碎石相对于沥青面层和半刚性基层而言，强度、稳定性等各方面比较弱，会降低路面使用寿命，一般只适用于小交通量道路。

表1.2 国外部分高速公路典型路面结构

国家	基层结构	
	基层	底基层
法国	17 cm 沥青稳定粒料	25 cm 水泥稳定土
日本	8~14 cm ATB	25 cm 水泥稳定土
德国	18 cm ATB+15 cm 级配碎石	15 cm 水泥稳定土
美国	20 cm AM+5 cm AC 抗疲劳层	20 cm 石灰稳定土
南非	15 cm 级配碎石	30~40 cm 水泥稳定土

法国是采用典型路面结构的国家之一，常用路面结构大致分为复合式结构、组合式结构以及倒装结构三大类。法国使用半刚性材料稳定层总厚度为25~65 cm，沥青混凝土厚度为6~14 cm，这种结构与我国的路面结构相类似，且此结构基层厚度与路基的强度也有关，路基强度高，可以适当减少基层厚度。南非同样也是采用半刚性基层路面，但仅使用水泥对其材料进行稳定，类似于水泥混凝土，初期具有弹性和一定的抗拉强度，通常在重复弯曲作用下产生破坏，也由于干缩开裂，其上部应设有非结合性结构层以避免出现反射裂缝。南非对其水泥稳定材料经历过高强度阶段，水泥稳定集料的强度大于5 MPa，后来导致路面严重损坏，以为是沥青层太薄，便加厚沥青层，但仍然产生大量损坏。于是降低半刚性基层沥青路面的基层和底基层的强度，规定强度标准为

2~3 MPa，同时把半刚性基层下放，上面设置15 cm的级配碎石或采用粗粒径沥青稳定碎石基层，沥青层厚只有16~23 cm，这样就解决了问题。南非的经验表明，半刚性基层沥青路面不仅仅是半刚性材料参数设计和沥青层厚的问题，路面结构的合理组合也是路面使用性能的保证。

德国和美国只将半刚性材料作为路面底基层使用，且德国底基层厚度统一采用15 cm，美国底基层厚度为15~30 cm（平均20 cm）。早在20世纪五六十年代沥青路面半刚性道路结构就是美国道路结构主要类型，70年代后大部分公路开始放弃对半刚性基层结构的使用，采用柔性结构作为主要类型结构。日本、荷兰的沥青路面半刚性结构也仅应用于较低等级的道路上。

从上述分析可知，尽管半刚性结构存在一定缺陷，会引发一系列早期道路病害，但是半刚性基层具有强度高、板结性好、施工便捷和经济效益好等优点是不容置疑的，符合我国道路交通荷载量的实情，所以半刚性基层沥青路面仍将是我国道路的主要结构形式。随着国内学者对半刚性结构进一步深入研究，半刚性结构的优势也将进一步得到发挥。

1.2.2　半刚性基层的研究现状

半刚性基层一般是以水泥、石类、粉煤灰以及工业废渣等无机结合料稳定土铺筑而成的，经过压实、养生后具有较高的强度，能够提供较高的路面承载力，有利于荷载分布和扩散，能有效地降低路基土的垂直压应力和沥青层层底的弯拉应力。而且路面经济性较好，可以减少沥青层的厚度，降低沥青用量。它目前是我国各级公路的主要结构层。实际工程中又以水泥稳定类和石灰稳定类为主。

水泥稳定土以水泥为胶凝材料，通过机械拌和，使原状土与水泥充分混合，通过一定条件、龄期养护，就能成为一种具有高强度与强耐久性的材料，近些年来广泛应用于水利、公路、高速铁路、机场中。有学者通过室内静、动载试验，研究了水泥稳定土的基本特性以及重复荷载下的耐久性，得出水泥土具有足够的强度、耐久性，可广泛运用于实际工程中。张齐齐等对水泥改良土的微观结构进行了定量的研究，发现水泥的掺量越大，土体等效直径较大的结构单元越多，小结构单元体的数量越少，且在孔隙中出现了很多纤维状晶体，水泥含量越多，变化愈明显；同时水泥的掺入增加了改良土的黏聚力与内摩擦角，可以作为改良土物理力学性质变化的原因。张洪华对水泥稳定细粒土、水泥稳定中粒土以及粗粒土的温缩性开展了研究，测出各种不同粒径下稳定粒料土的温缩系数，并比较了各种半刚性基层材料温缩性的大小，得出了粒径大小影响其温缩系数大小的结论——粒径越大产生的温缩效果越明显。张登良和郑南翔在对半刚性基层材料收缩机理分析的基础上，对石灰稳定类、水泥稳定类及二灰稳定类等三种典型基层材料进行温度收缩与干燥收缩试验，分别在饱水状态、最佳含水率状态、半风干状态、风干状态和烘干状态下用电测法测得了各状态下的温缩系数和干缩系数，得出二灰稳定类材料在最佳含水状态下为材料最佳性能状态。杨锡武和梁富权研究了养生条件对半刚性基层材料收缩特性的影响，得到了收缩应变与龄期之间的影响规律和回归方程，并认为水泥（石灰）粉煤灰混合料中粒料的比例也影响其收缩特性，在最佳比例范围能有效减少收缩裂缝。胡力群通过对不同结构类型半刚性材料的路用性能试验，得出了不同结构类型材料的路面性能变化规律和各指标范围，提出了以强度、收缩系数和冲刷量等指标综合控制的半刚性基层材料组成设计方法。赵明龙等通过振动三轴试验研究了干湿循环条件下水泥改良粉质黏土、粉土疲劳强度。结果表明，在动应力作用影响下，两种改良土的破坏方式均为脆性破坏，即随着干湿循环次数的增加，水泥土疲劳强度降低，并且在一定次数下，疲劳强度的降低趋于稳定，改良粉质黏土经1次干湿循环后疲劳强度便趋于稳定，而改良粉质粉土在2次后趋于稳定。郭一枝结合湖南省衡枣高速公路的建设，将水泥掺入高液限粉土，通过室内试验对材料工程性能、配合比设计及施工要点分别进行了探讨，发现水泥改良土具有良好的整体性、足够的力学强度、抗水性、耐冻性；同时水泥改良路基土既可以在路上就地拌和，又可以用移动式拌和机械沿线进行拌和，便于机械化施工。吴新明等以广西百色地区的膨胀土为研究对象，为解决膨胀土引起的铁路道床翻浆冒泥现象，以水泥注浆的办法来改良当地膨胀土，通过室内试验得出：经水泥改良后的膨胀土其自由膨胀率大大减小，测试得出不同水泥掺灰比的试样，塑性指数均有不同程度的减小，水泥改良膨胀土的无侧限抗压强度受掺量比、浸水、养护时间的影响，抗压强度与水泥掺量比呈正比关系；通过膨胀土改良指标的综合分析得出，水泥掺量比为8%时，自由膨胀率和塑性指数达到最佳，且具有良好的水稳性。杨广庆以4%水泥掺量改良粉质黏土为研究对象，进行了水泥改良土的动三轴试验，研究了水泥改良土的临界动应力、塑性变形、弹性变形和回弹模量的变化，发现水泥改良土的累计塑性应变与动应力的大小及作用次数密切相关。在一定的围压下，水泥改良土的弹性应变与动应力大小关系呈线性变化，粉质黏土经水泥改良后，具有较好的工程特性，能满足高速铁路路基的设计要求。

石灰稳定类则是以石灰为胶凝材料，对松散的土进行改良，经压实、养生后形成具有一定强度的材料。日本、美国以及西欧一些发达国家对石灰稳定土开展了大量的研究。如，有学者研究了石灰对黏性土及其常见矿物（高岭土、蒙脱石、石英等）工程力学性质的改良效果；对比研究了石灰和水泥对红土进行改良，龄期对改良效果的影响；分析研究了利用石灰和水泥改良不良土在干旱地区修筑高速公路的可行性。国内的学者也开展了一系列的研究。如罗雄章等将南宁地区的膨胀土掺入石灰进行改良，通过一系列室内试验研究发现：膨胀土掺入石灰，可以有效降低胀缩性，并且胀缩性随着龄期的增长而降低；石灰可明显提高膨胀土的强度，并且随着龄期的增长强度也变强。陈爱军为解决南友路膨胀土路堤修筑中的问题，以南友路石灰改良膨胀土路堤作为研究对象，针对膨胀土的不良工程特性进行石灰改良膨胀土的试验研究，确定石灰掺量，得出石灰改良能实现土质改良的目的，并且发现采用5%掺量时的改良土综合效果最好；试验中还首次发现了膨胀土和改良土的CBR试验的浸水规律不一样，其中膨胀土与时间的关系为指数函数，而改良土的膨胀量与时间没有明显的关系。贺建清在大量的室内试验基础上，对石灰改良土填料的力学特性以及动力特性进行了深入研究。结果表明，软土掺入石灰后，其基本物理性质明显改善，塑性指数明显降低，最大干密度随石灰掺入量的增大而减小，最优含水率随石灰掺入量的增大而增加。利用扫描电镜与能谱分析研究了石灰土的微观结构，发现掺入石灰后，其微观结构发生了很大变化，内部出现了连成空间网状结构的钙矾石结晶体。并认为在非饱和状态下，石灰改良土存在一个最佳掺灰比，当掺灰比为8%时，石灰土的无侧限抗压强度最高，在实际工程中，掺灰比宜控制在5%~8%范围内。在动力特性方面，发现随着掺灰比的增大，石灰土的动弹模量和阻尼比也相应增大。另将交通荷载简化为半波正弦荷载，利用动力弹塑性有限元方法定性分析了交通荷载作用下石灰土道路的变形形状。杨青通过对石灰、水泥稳定的铁尾矿砂进行配合比设计、性能设计、铺筑试验路等研究，并结合与石灰稳定黏土的对比，认为利用石灰或水泥稳定的铁尾砂矿具有半刚性的材料特性，可将其用于低等级道路的基层和底基层，且各方面的特性优于石灰稳定的黏土。王加龙针对内蒙古广大粉土地区道路的修筑问题，就无机结合料和固化剂稳定粉土展开研究，通过室内试验对石灰和水泥稳定粉土、固化剂稳定粉土的强度和刚度特性进行研究，认为石灰稳定粉土可以代替无机结合料稳定砂砾作为公路路面基层，从而实现充分利用当地筑路材料，降低工程造价。孙希望利用静三轴CU试验研究了石灰土的应力-应变关系及强度特性，分析了不同石灰掺量下石灰土抗剪强度指标的变化规律、石灰土的变形破坏模式，结果表明：当掺入比分别为4%、5%、8%时，石灰改良土的黏聚力分别比素土增加了1.4、3.4、5.8倍，掺入比对内摩擦角φ的影响较小；石灰土的变形特征因掺入比不同而介于脆性体与弹塑性体之间，当掺灰比较小时，石灰土性质与土比较接近，呈现为塑性破坏，反之若掺灰比比较大，则呈现为脆性破坏；另外随着石灰掺量增加石灰土的强度逐渐增强，而当掺灰比大于4%时，其改良效果明显增强，但考虑到成本问题，应该根据实际工程合理控制石灰掺入比。

我国属于工业大国，每年产生大量的工业废料，乱排乱放将会给环境造成巨大的威胁，若将其用作路面结构层的结合料不仅可以解决工业废渣排放难题，更可以变废为宝、物尽其用。张铁志等将铁尾矿废料作为无机结合料用于道路基层材料中，结果表明铁尾矿与碎砖可应用于二级和二级以下公路基层以及一级公路和高速公路底基层，并且相对于传统水泥碎石基层可降低工程造价30.43%。朱庭勇开展了煤矸石用作路面基层材料的试验研究，并分析了煤矸石结构层强度形成机理，认为煤矸石可以用作路面基层材料使用，石灰稳定煤矸石具有良好的路用性能，完全能满足农村道路路面基层的强度要求，可大幅降低工程造价，在县乡道路建设中具有重要的应用推广价值。张羽彤进行了棚灰材料在公路底基层应用的试验研究，发现棚灰水稳定性不良，但经水泥稳定后，棚灰自身抗压强度不仅得到改善，同时水稳定性增强。包龙生以辽宁沿海产业基地道路基层、底基层建设为工程背景，进行了海排灰稳定碎石基层及底基层材料配合比、海排灰与结合料化学反应机理、海排灰氯盐含量对基层、底基层路用性能影响研究以及路面力学分析，得出了水泥海排灰碎石基层的最佳配合比，并发现了海排灰中氯盐含量对水泥海排灰稳定碎石混合料能起到早强剂的作用，但其含量不得超过1.5%。并修筑了一条试验路段，经长期使用并进行性能观测，发现基层稳定，效果良好。

随着经济的发展，交通荷载日益增长，半刚性基层的不足凸显出来：一是半刚性基层容易产生收缩开裂，使路面形成反射裂缝。裂缝形成后，在车轮反复荷载作用下，裂缝（包括横向裂缝、纵向裂缝和网裂等）会不断扩大、加深，在恶劣天气时，雨水将渗入路面结构层。由于半刚性基层基本不透水或者透水性差，不能及时将水排走，而使基层表面出现冲刷现象，导致基层崩解、脱空，进一步开裂，承载力下降，与面层的整体性遭到破坏。二是半刚性基层对荷载变化敏感，超载会导致沥青面层内部剪应力增加，轻则产生路面变形（包括车辙、沉陷、拥包、波浪等），影响行车舒适度，重则破坏路面结构，甚至造成意外交通事故。三是半刚性基层损坏后没有愈合能力，且难以进行修补。

针对半刚性材料容易产生收缩、造成路面早期病害的现象，国内外许多学者均开展了一系列研究。干缩是引起半刚性沥青路面产生反射裂缝的重要原因，反射裂缝则是导致路面早期损害的主要根源。澳大利亚的洛林斯研究了水泥稳定粒料的干缩特性，论述了影响水泥稳定粒料收缩应变的因素，并且指出粒料土类型对干缩应变有很大影响。20世纪70年代，美国道路工作者对西德克萨斯沥青路面中出现大量裂缝现象进行了针对性分析，对地区环境、气候、路面对温度的敏感性及路面开裂机理等方面问题进行研究，得到了温度对基层以及面层的开裂影响规律。

现有调查表明，半刚性材料刚度提高，可以使沥青面层弯拉应力减小，从而提高抵抗行车疲劳破坏的能力，延长沥青路面的使用寿命。但是半刚性材料和沥青面层结合并不是刚度越大越好，其材料刚度需要与沥青面层刚度相匹配，这样才能使面层与基层之间更好结合不至于过早破坏。沥青面层的防水性要好，这样遇到恶劣的雨水天气，才不至于使基层表面会被雨水冲刷和崩解，而导致基层承载力下降，面层和基层产生空隙，经过反复循环荷载作用使路面大面积沉降、开裂。半刚性基层的自愈能力差，结构遭到破坏以后很难进行修复，只有道路翻新才能重新使用。

1.2.3 红土砾石研究现状

在刚果盆地分布有大量的结核性砾石质土，颜色呈红色或棕红色，通常称之为红土砾石。由于非洲大部分国家经济落后，为了降低施工成本，早在20世纪，法国人就开始将红土砾石用于道路路基填筑。近年来，随着中国援非项目的不断增加，大量的中国企业开赴非洲大陆，面对工业基础薄弱、物质短缺的非洲国家，也不得不考虑如何充分利用当地资源的问题，使得对红土砾石的研究与应用得到不断加强。周大全通过对比塞内加尔、喀麦隆两个国家的红土砾石发现，虽然都是红土砾石，但是由于气候的因素（一个来自热带草原气候，另一个来自热带雨林气候），两种土的性质有较大的差别，但都具有良好的承载力，可以用于路基、底基层，在低等级道路可以用于基层。杨开合则对尼日利亚一道路工程中的红土砾石进行了掺粗细粒碎石和砂不同配合比的改良研究，发现掺入30%粗碎石和20%砂后能够满足道路基层施工需要，为西非地区红土砾料基层施工提供了参考。曹长伟通过西非马里地区级配红土砾料的室内试验对其CBR（加州承载比）和回弹模量进行了研究，结果表明级配红土粒料只适用于填筑交通量小、技术等级较低的道路基层。王伯伟对非洲的红土砾石进行了相关试验研究，发现红土砾石在浸水4 d、95%压实度时的CBR（加州承载比）基本上大于30%，是一种承载力良好的筑路材料，采用红土砾石填筑的路基，其强度高、水稳定性较好；PST层（路基上部，相当于国内的路床）可采用红土砾石填筑，若红土砾石的天然含水率过高，可以通过掺入生石灰进行改良。瞿晓浩在刚果（布）1号公路项目中以红土砾石作为路面底基层材料，针对1号公路3-2标段存在的红土砾石缺乏的问题，通过试验对天然红土砾石进行分类，对路用性能不合格的普通砾料进行掺料（砂、级配碎石）改良试验。应巩邦等依托南苏丹朱巴国际机场改造项目，对红土砾石的工程特性以及其路用性能进行了试验研究，认为红土砾石是在南苏丹旱雨两季交替循环的气候条件下形成的，主要由三部分构成：未分解的母岩碎砾石、铁质硅铝结合砾石、母岩分解后的黏性土；红土砾石的基本物理力学性质良好，根据我国相关规范，可用于机场地区路基填料、底基层，是良好的筑路材料。郭奕清参加了西非科特迪瓦本古鲁至阿尼比累克鲁公路水泥稳定红土砾石基层的施工全过程，依据国外施工经验，对水泥稳定红土砾石基层的各种特性和施工特点进行了介绍。曹长伟以西非马里地区公路沿线的红土砾石为对象，对天然红土砾石进行调研，总结归纳了天然红土砾石的级配特征，通过室内击实试验研究了颗粒破碎情况，并对级配范围内的红土砾石的CBR和动态模量进行了试验研究，结果表明红土砾石的CBR值为140%~155%，回弹模量变化范围为240~390 MPa，适用于填筑非洲地区交通量较小、等级较低的道路基层。

文献资料表明，在我国北京、桂林地区也分布有同样名为"红土砾石"的岩土体，但现有的研究以桂林红土砾石的地质成因分析为主。桂林红土砾石层主要分布在桂林四塘、六塘一带，砾石层杂乱堆积、毫无层次、分布不均匀，其中砾石主要成分为紫红色砂岩，黏性红土主要是碳酸盐风化的产物，显紫红色、松散状。砾石和黏土形成"泥包砾"土质。黄位鸿、牟春梅、贺仕俊等发现我国广西桂林地区也存在红土砾石层，主要介绍了其基本性质与工程应用，通过对红土砾石层的调研认为，红土砾石层可作为天然的地基持力层；可作为回填土进行地基处理；可作为桩基础持力层；桂林地区的红土砾石层具有强度高、压缩性低、承载能力大的优点。目前对桂林红土砾石的相关研究仍然十分稀少，有必要对桂林红土砾石开展进一步的研究。

1.3 研究内容与思路

1.3.1 主要研究内容

项目研究将综合采用室内外试验、理论分析与数值模拟等方法，对红土砾石的工程特性、改良方法以及用作路面（底）基层的力学响应和施工技术等进行系统性研究，将主要完成以下研究内容。

1.3.1.1 天然红土砾石工程性能试验测试

从国内外（非洲刚果、国内桂林）采取红土砾石土样，送实验室测试两种土样的物理力学性能，对比两者的差异，并分析两种红土砾石用作路面（底）基层时的可行性与不足。

1.3.1.2 红土砾石的改良方法与强度形成机理

结合天然红土砾石工程性能测试成果和国内外路面基层材料改良技术分析，选择合适的改良方法（以水泥和石灰为改良剂），测试不同改良方法和不同改良剂掺量下红土砾石的工程性能，分析改良红土砾石用作路面（底）基层的可行性与最佳掺量。

1.3.1.3 红土砾石（底）基层对路面结构影响的数值分析

以依托工程为参照，建立路基、红土砾石基层、沥青路面层耦合分析三维模型，分析行车荷载作用下不同性能红土砾石基层对路面结构的影响，为选择改良方法和改良目标提供依据，对红土砾石用作路面基层的设计参数提出建议。

1.3.1.4 红土砾石（底）基层施工方法与质量控制方法研究

结合依托工程建设，对红土砾石用作路面（底）基层时的路面结构进行现场监测，分析红土砾石基层的施工方法与质量控制方法。

1.3.2 研究思路

项目研究的技术路线见图1.1。

◎ 红土砾石工程特性及其在路面工程中的应用

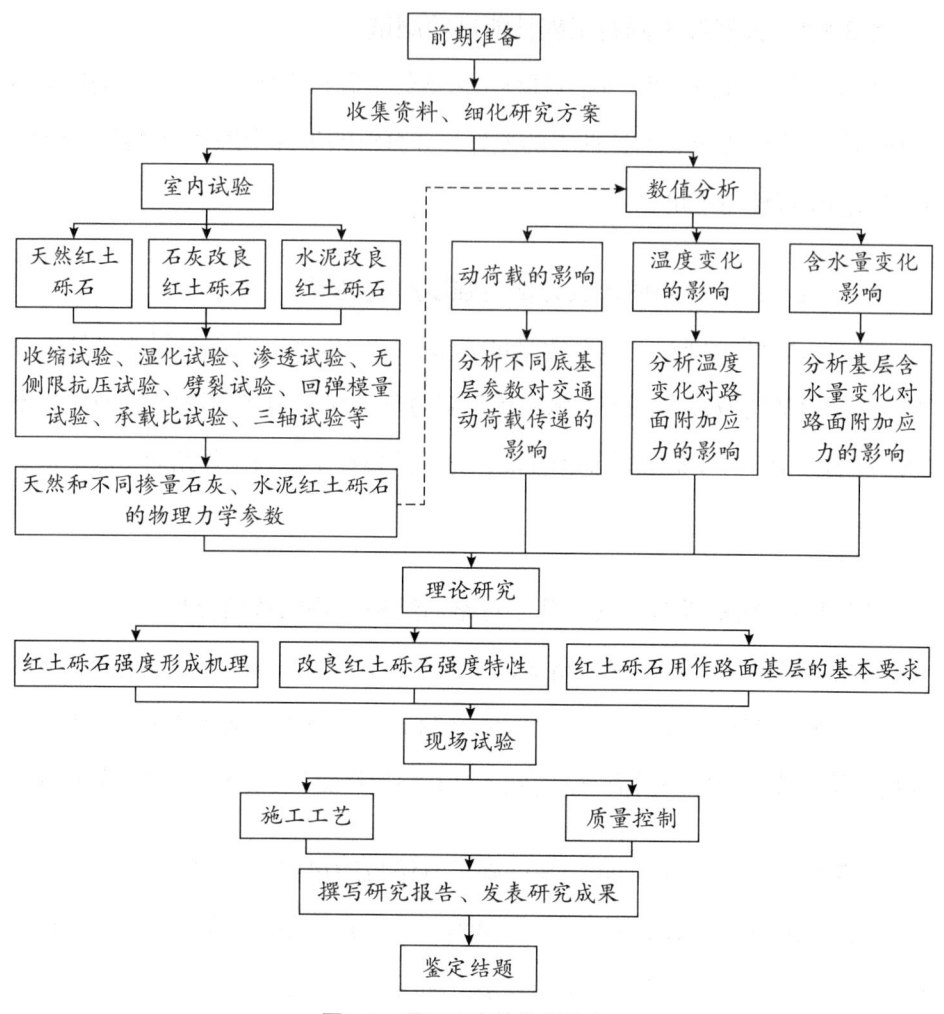

图1.1 项目研究的技术路线

第2章 红土砾石的工程特性与路用性能分析

2.1 红土砾石的成因与工程特性

2.1.1 国内外红土砾石的成因

刚果盆地属于热带雨林气候，具有典型的干湿循环特征。雨季时，微酸性的雨水下渗后，缓慢的淋溶、水解带走了原岩中的可溶性二氧化硅和碱类物质；到旱季，在强烈的高温蒸发与毛细上升作用下，不溶性的铁、铝、硅等氧化物逐步上升，复合形成了不规则的球形铁质硅铝结核体，并在不断的胶结、复合、脱水的过程中，形成坚硬的结核质砾石。母岩不断地释放出铁、铝、硅等氧化物，最终演变成一般黏性土。形似圆状的铁质硅铝结核砾石与未分解的母岩碎块石和分解后的黏性土最终形成了天然的红土砾石。

桂林的红土砾石层大部分分布在桂林的四塘、六塘一带。这些岩石表面呈紫红色，堆积较杂乱，并没有明显的层序规律，砾石颗粒大小差异也比较大，大部分的砾石呈菱角状。现有研究表明，桂林红土砾石的组成成分非常复杂，大部分属于泥盆系岩石，在地质上形成龙岗地貌，黏土和砾石是其主要的物质成分，其中的红土大部分是碳酸盐风化的产物，结构比较松散，其空隙相对较小，含水率较低，具有较高的强度和膨胀性。

2.1.2 刚果红土砾石的工程特性

试样取自刚果（布）基班古至多利吉道路（简称基多道路）整治工程PK5+900处的料场。土样取回并风干后，在项目部实验室先后完成了筛分、击实、液塑限、直剪和CBR等试验步骤。

由筛分获得的土样颗粒级配典型曲线见图2.1。土样含石率（粒径≥2 mm)为70.4%，细颗粒含量（粒径≤0.075 mm)为4.2%；颗粒组成曲线较为顺滑，为级配不良的砾石土。

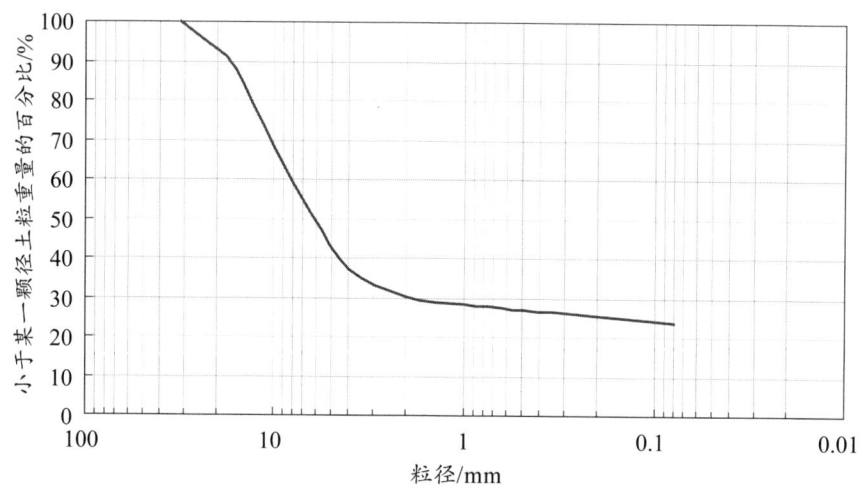

图2.1 刚果盆地红土砾石颗粒级配曲线

刚果盆地红土砾石的液塑限试验结果见表2.1。经过0.5 mm筛下的红土砾石土样的液限为35.5%，塑限为17.47%，相对应的塑性指数为18.03%。

击实试验采用重型击实法，结果见表2.2。由表可知，刚果盆地红土砾石的最佳含水率为9.54%，最大干密度为2.16 g/cm³。最大干密度较一般黏土大一些，主要是由于其含有一定量的砾石以及钢渣般的铁质硅铝结核体。

取红土砾石的最佳含水率为9.54%，最大干密度为2.12 g/cm³，制作试样，浸水4昼夜后进行CBR试验，试验结果见图2.2。可见，土样的CBR随干密度的增加而增大，两者近似呈线性关系。为便于工程应用，将干密度换算为压实度并进行回归分析，可得土样 CBR 值与压实度 λ 的关系为：

$$CBR = 5.042\, 4\lambda - 444.33 \tag{2.1}$$

式中　λ——土样压实度，90% ≤ λ ≤ 100%。

表2.1　土样液限塑限试验结果

土样号	液限 WL	塑限 WP	塑性指数 IP
1	33.50%	16.80%	16.70%
2	37.90%	19.30%	18.60%
3	33%	16.35%	16.65%
4	36%	17.70%	18.30%
5	37.10%	17.20%	19.90%
均值	35.5%	17.47%	18.03%

表2.2　土样击实试验结果

土样号	最佳含水率 /%	最大干密度 /(g/cm³)
1	9.5	2.17
2	9.5	2.15
3	9.7	2.15
4	9.7	2.16
5	9.3	2.17
均值	9.54	2.16

以最佳含水量9.54%制备试件后进行直剪试验，结果见图2.3。四个法向应力下切应力峰值的拟合曲线方程为 $y = 0.77x + 62.5$，相关系数 $R^2 = 0.995$。由该方程的两个系数可得刚果盆地红土砾石的黏聚力 c 为62.5 kPa，内摩擦角 φ 为37.62°。可见，该土样压实后抗剪强度较高。

取过5 mm 筛的土样，采用比重瓶法测其平均比重，平均比重为2.665。

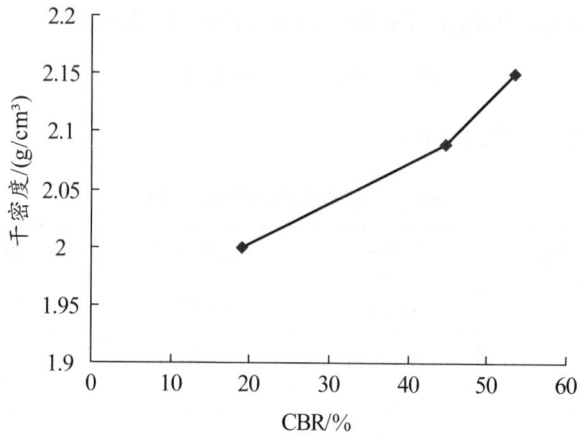

图2.2 刚果盆地红土砾石 CBR 与干密度关系

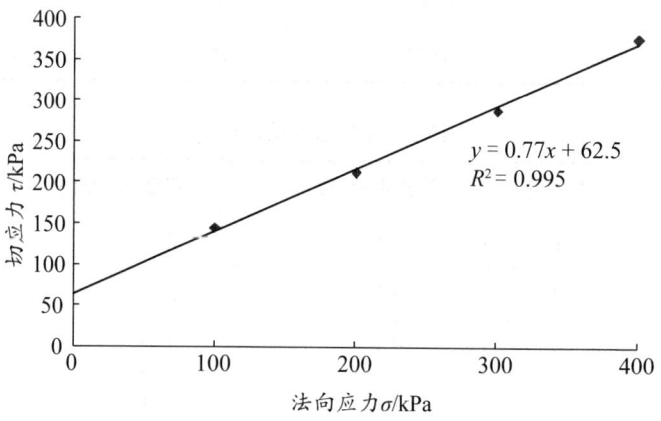

图2.3 法向应力与切应力峰值的关系

2.1.3 桂林红土砾石的工程特性

从桂林四塘取样后,同样先后完成筛分、液塑限、击实、直剪和 CBR 等试验步骤,以获得桂林红土砾石的工程性能。图2.4~图2.8为试验图片。

筛分结果表明,桂林红土砾石含石率(粒径≥2 mm)为70.4%,细颗粒含量(粒径≤0.075 mm)为4.2%;根据计算可以得出,不均匀系数和曲率系数为17.75和0.52,颗粒组成曲线较为顺滑(图2.9),同样为级配不良的砾石土。

由液塑限试验得到桂林红土砾石0.5 mm 筛下代表性土样的液限为42.86%,

塑限为22.65%，塑性指数为20.21%，较非洲红土砾石的液塑限指标要高。根据我国《公路土工试验规程》，桂林红土砾石土样属于黏土质砾石。

图2.4 人工筛分土样

图2.5 击实试验

图2.6 液塑限试验

图2.7 比重试验

同样采用重型击实试验来确定桂林红土砾石的最大干密度以及相应的最佳含水量，试验结果见图2.10。桂林红土砾石的最大干密度为2.02 g/cm³，最佳含水率为10.07%，最大干密度也较一般黏土大一些，但较刚果盆地红土砾石要小，主要由于两者的砾石性质不同。

图2.8 直剪试验

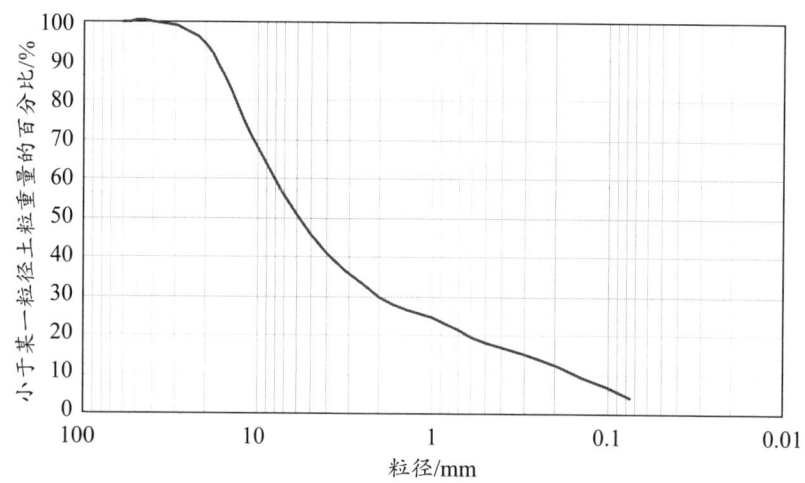

图2.9 桂林红土砾石的颗粒级配曲线

桂林红土砾石直剪试验结果见图2.11。四个法向应力下切应力峰值的拟合曲线方程为 $y = 0.58x + 0.58$。由该方程的两个系数可得刚果盆地红土砾石的黏聚力 c 为58 kPa，内摩擦角 φ 为30.13°，其抗剪强度较刚果盆地红土砾石要小。

以最佳含水率10.07%，最大干密度2.02 g/cm³，制作试样、浸水4昼夜后进行 CBR 试验。试验结果见图2.12。可见，土样 CBR 随干密度的增加近似呈线性增大。将干密度换算为压实度后得：当土样压实度为90%时，其CBR为8.4%；当压实度为94%时，其CBR为34.1%；当压实度为97.5%时，土样的CBR为62.9%。土样CBR值与压实度λ的关系为：

$$CBR=7.307\ 3\lambda-651.64 \quad (2.2)$$

式中符号意义同上。

取过5 mm筛的土样进行比重试验，测得平均比重为2.647。

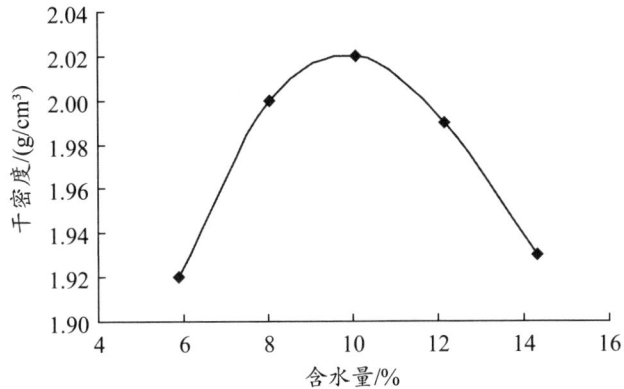

图2.10 红土砾石含水量与干密度关系曲线

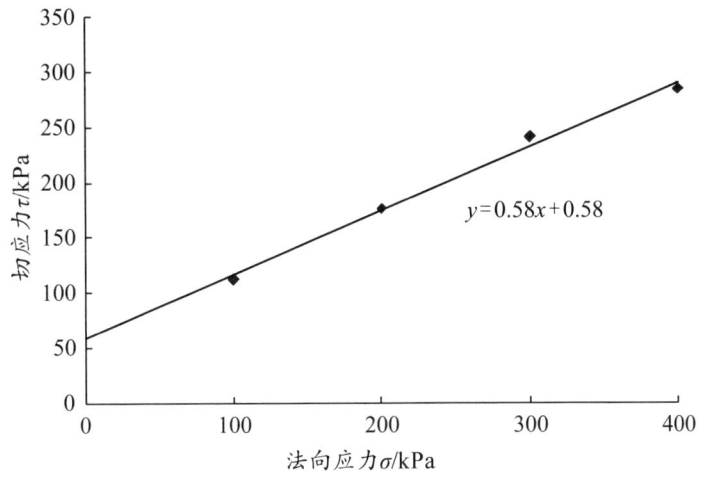

图2.11 法向应力与切应力峰值的关系

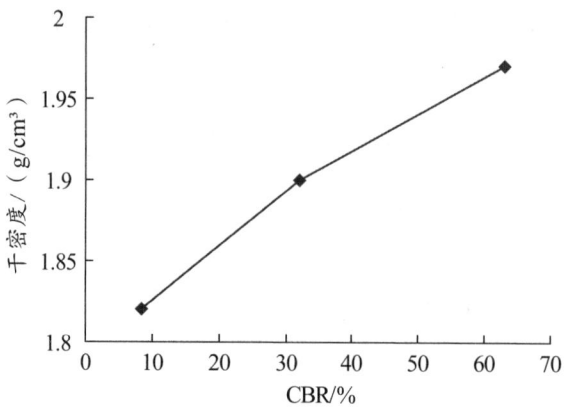

图2.12 桂林红土砾石CBR与干密度的关系

2.1.4 红土砾石路用可行性分析

由于历史上很多非洲国家都是法属殖民地,目前非洲国家很多都采用欧洲(特别是法国)体系的路基路面设计规范,其土方工程一般结合法国《公路工程指南》和当地气候特点提出具体要求。刚果(布)基多道路整治工程技术合同对路基路面填料的要求见表2.3,当用作路面底基层时还需要满足图2.13所示的粒径要求。

表2.3 刚果(布)基多公路填料要求

	项目	填方工程	垫层	底基层
粒径	2 mm筛孔通过率	—	—	＜50%
	＜80 μm的含量	＜50%	＜40%	＜25%
	4 d浸泡后CBR	≥15%	≥20%	≥30%
	塑限	＜25%	＜25%	＜25%
	液限	＜50%	＜50%	＜40%
	压实度	≥92%	≥95%	≥98%

我国《公路路基设计规范》(JTG D30—2015)规定:高速公路、一级公路的上路床(路基顶面以下0~0.3 m)填料强度CBR不小于8%,填料最大粒

径应小于100 mm,液限应小于50%，塑性指数应小于26%。我国《公路路面基层施工技术细则》(JTG/T F20—2015)对路面底基层材料的要求为：最大粒径不超过53 mm,液限应小于28%，塑性指数应小于9%，压实度不小于96%，相应浸水4 d后的CBR不小于60%，同时砾料类材料的级配需满足图2.13中所示国内规范要求。

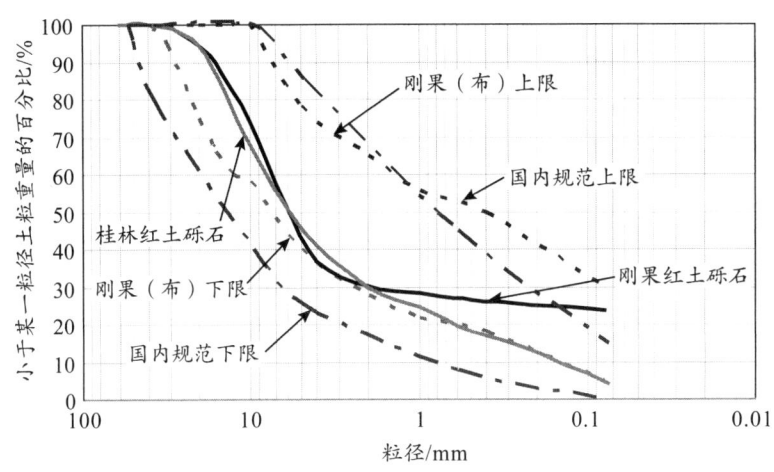

图2.13 国内外规范对路面基层材料的颗粒粒径要求

对照表2.3要求可看到，当压实度达到92%（CBR=19.57%）、95%（CBR=34.7%）以上时，非洲刚果盆地的红土砾石可以满足基多道路填方工程和垫层的要求，当压实度达到98%（CBR=49.83%）以上时可以满足底基层填料的要求，即天然红土砾石可以直接作为路面底基层材料。但现有非洲道路建设中大多采用水泥进行改良后再用作路面底基层，改良后要求4 d浸泡后CBR不小于160%，一般水泥掺量为4%~6%，而沥青路面基层多采用级配碎石。

可见，若按国内规范要求，刚果盆地红土砾石可以满足高等级公路路床的要求，但当压实度达到96%时，其CBR值还未能达到规范要求的60%以上。因此，该红土砾石是一种良好的路基填料，强度高，可以用作路基填筑，但不宜直接用作路面底基层材料，应当对其进行改良。相比之下，国内桂林地区红土砾石的强度较刚果盆地红土砾石要差一些，但按国内规范要求，当压实度达到规范要求时，这种材料也能很好地用作各级公路路基填筑料。虽然当压实度为98%时，土样的CBR为64.47%，达到路面底基层材料的要求，但桂林红土砾石的水稳性比较差，不宜直接用作路面底基层材料。

2.2 稳定红土砾石路用性能试验

2.2.1 试验目的与方案

由上节的试验结论可知，国内外的天然红土砾石均不能直接用作基层材料，若要用作路面基层就应该对其进行改良。目前工程上对碎石土改良后用作路面基层材料的主要方法是掺水泥或石灰。结合所依托工程现状，项目研究拟对天然红土砾石用水泥、石灰进行稳定，通过强度试验来测试稳定红土砾石的承载能力，获得满足路用基层强度条件下稳定红土砾石的无机结合料种类以及掺量，再进一步通过稳定性试验测得稳定红土砾石的相关路用性能参数，进一步了解稳定红土砾石路用性质。

试验以《公路土工试验规程》《公路工程无机结合料稳定材料试验规程》《公路沥青路面设计规范》为依据。采用水泥、石灰对天然红土砾石分别在2%、4%、6%、8%掺量下进行稳定，通过7 d无侧限抗压试验以及CBR试验来测定各掺量下稳定红土砾石的抗压承载力强度，通过崩解、渗水、干缩等试验来探讨稳定红土砾石的路用性能。表2.4、表2.5为试验中使用的水泥、石灰基本参数。

表2.4 425#水泥的基本参数

初凝时间	终凝时间	安定性	抗压强度(28 d)	抗折强度(28 d)
185 min	367 min	合格	35.7 MPa	6.2 MPa

表2.5 石灰的基本参数

成分	CaO	SiO_2	CO_2	MgO	S	活性度
含量/%	≥ 90	≤ 2.5	≤ 3	≤ 5	≤ 0.025	> 300 mL

2.2.2 稳定红土砾石无侧限抗压试验

无侧限抗压试验采用圆柱形试件，尺寸为ϕ100 mm×100 mm。试件通过压力机采用静力压实法制作，控制试件的压实度为98%。试件制作时，当土样被压入试模后，不能马上脱模，经过至少30 min稳定后方可脱模。试件脱模后，用保鲜膜将其包裹，放入养护箱中养生6 d（温度控制在20 ℃±2 ℃，湿度≥95%）。第7 d将试样取出，测其质量，再浸入水中，水没过试件顶部2.5 cm。浸水24 h小时后，取出试件、擦干试件表面的水分并测出浸水后试件的质量，质量损失不应超过4 g。图2.14~图2.18为试样制作、养生时的照片。图2.19~图2.21为无侧限抗压试验过程中的照片。

图2.14 试模刷油

图2.15 分层捣实

图2.16 静压力制作试件

图2.17 试件脱模

图2.18　试件养生

图2.19　试件浸水

图2.20　无侧限抗压试验　　　　图2.21　试件最终破坏

由无侧限抗压强度试验获得不同水泥、石灰掺量下稳定红土砾石的无侧限强度，试验结果见表2.6和表2.7。

表2.6 桂林土样无侧限抗压数据表

无机料类型	试验条件	无机料掺量			
		2%	4%	6%	8%
石灰	浸水	—	—	—	—
	不浸水	0.463 MPa	0.525 MPa	0.704 MPa	0.95 MPa
水泥	浸水	—	—	1.512 MPa	1.816 MPa
	不浸水	1.075 MPa	1.501 MPa	2.084 MPa	2.204 MPa

表2.7 刚果土样无侧限抗压数据表

无机料类型	试验条件	无机料掺量			
		2%	4%	6%	8%
石灰	浸水	—	—	0.569 MPa	0.914 MPa
	不浸水	0.586 MPa	0.669 MPa	0.964 MPa	1.266 MPa
水泥	浸水	—	1.503 MPa	1.722 MPa	2.011 MPa
	不浸水	1.254 MPa	1.964 MPa	2.23 MPa	2.589 MPa

注：表中"—"表示试件崩解破坏。

在暴雨、长期降雨条件下，地表可能出现大量积水，会造成路面面层渗水，使基层含水量增大，甚至饱和，路面又受到行车荷载作用，容易导致基层出现水稳定性破坏。因此，无机结合料应满足浸水条件下强度要求。从表2.6、表2.7中的数据可知，浸泡和不浸泡的试件抗压强度存在很明显的差异，且有一些试件在浸水过程就开始崩解（没有施加外力），完全达不到规范标准。尤其是桂林地区红土砾石通过石灰以及低含量水泥改良后的水稳性比较差。浸水后有些试件直接崩解，有些则表层剥落，不能再进行抗压试验。只有6%、8%水泥含量的试件完好，且无侧限抗压值达到1.512 MPa和1.816 MPa。相比之下，刚果地区红土砾石改良后的水稳性优于桂林红土砾石。

图2.22所示为两种稳定红土砾石无侧限抗压强度与无机结合料掺量的关系曲线。通过分析可知,除了低石灰掺量下试件因浸水时崩降而没有得到强度数据外,其他条件下,稳定红土砾石的强度均随水泥、石灰掺量的增加而增大,相同土样条件下,水泥稳定后的土样强度要远高于石灰稳定土样;相同无机结合料条件下,刚果红土砾石稳定土的强度要高于桂林红土砾石稳定土。

《公路沥青路面设计规范》要求:采用无机稳定料土作为基层、底基层时,其7 d无侧限抗压强度应满足表2.8、表2.9的要求。

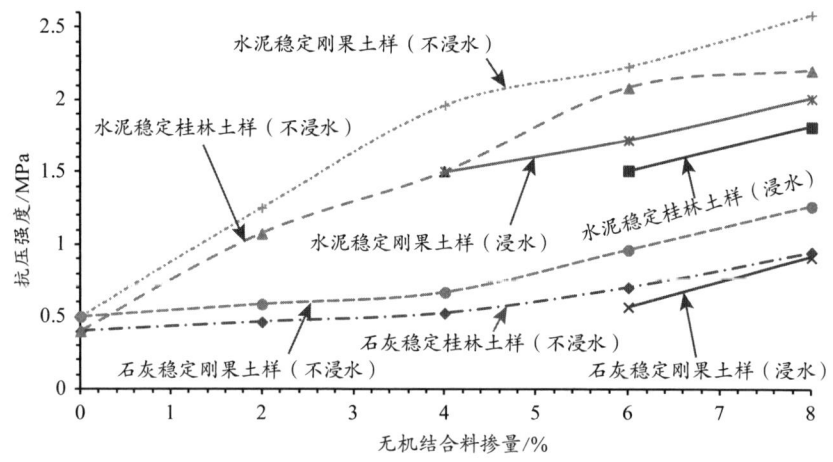

图2.22 无侧限抗压强度曲线

表2.8 水泥稳定类材料的压实度和7 d无侧限抗压强度

层位	稳定类型	重、中交通量		轻交通量	
		压实度/%	抗压强度/MPa	压实度/%	抗压强度/MPa
基层	集料	≥98	3~4	≥97	2.5~3.5
	细粒土	—	—	≥96	
底基层	集料	≥97	≥2	≥96	≥1.5
	细粒土	≥96		≥95	

表2.9　石灰稳定类材料的压实度及7 d无侧限抗压强度

层位	类别	重、中交通量		轻交通量	
		压实度/%	抗压强度/MPa	压实度/%	抗压强度/MPa
基层	集料	—	—	≥ 97	≥ 0.8
	细粒土	—		≥ 95	
底基层	集料	≥ 97	≥ 0.8	≥ 96	≥ 0.7
	细粒土	≥ 95		≥ 95	

将试验结果与规范要求进行对比可知，浸水后，桂林红土砾石在水泥掺量为6%、8%，压实度达到96%时，可以满足轻交通量道路底基层的要求。刚果红土砾石当石灰掺量达到8%时可以满足轻交通量道路基层以及重、中交通量道路底基层的要求；水泥掺量达到4%时可以满足轻交通量道路的底基层铺筑材料要求。水泥作为改良剂的效果比石灰要好，且刚果红土砾石的路用强度性能要优于桂林红土砾石。

2.2.3 稳定红土砾石CBR试验

CBR试验是由美国加州公路局提出的一种评定路基路面材料承载能力的试验方法，目前在全世界范围内得到广泛应用。

CBR试件采用重型击实法制作，尺寸为ϕ150 mm×150 mm。试样制备时，土样分三层填入试模中，每层98击。试件击实完成后，从击实仪上取下试件，取一张滤纸放置于试件底部，顶部安置多孔板，并且多孔板上安放四块荷载板，安装好百分表。将试件放入水箱中，向水箱内放水，使水自由浸到试件的顶部和底部。泡水期间，水面应保持在试件顶面以上大约25 mm，浸泡4昼夜。浸泡终了后，把试件安放在测力环下，并安装百分表，对试件顶部施加荷载，记录单位压力下荷载测力计和百分表的读数（量力环校正系数 C=0.118 1 kN/0.01 mm，贯入杆面积 A=1.963 5×10^{-3} m^2），计算贯入量。

由无侧限抗压试验得出，石灰稳定红土砾石达不到基层材料的要求，且无机结合料的掺量不宜超过6%，所以只针对水泥掺量为2%、4%、6%、8%的稳定红土砾石进行 CBR 承载力试验（水泥稳定刚果红土砾石的 CBR 试验在所依托工程项目部实验室完成）。

图2.23~图2.25为进行稳定红土砾石 CBR 试验时的情景。

图2.23　试件制作

图2.24　试件浸水　　　　　　　图2.25　强度测试

由稳定红土砾石 CBR 试验得到不同水泥掺量稳定红土砾石的 CBR 值，试验结果见图2.26。通过分析可知，两种土样 CBR 值随着水泥加入量的增加而增加，且曲线上升变化趋势相似。素土刚加入水泥时，对稳定土的强度影响比较明显。然而水泥含量继续增加时，CBR值的增幅变缓。刚果（布）的道路工程建设采用欧洲（特别是法国）规范体系，一般结合法国《道路工程指南》对路面基层材料提出基本要求，素土要达到路基使用要求，CBR值应大于30%。由图中看出，桂林、刚果天然红土砾石满足路基、垫层的填筑材料要求。经过水泥稳定后，CBR值大于160%才能满足路面基层材料的要求。从图中还可以看到，刚果土样在水泥掺量为4%时符合规范体系要求，然而桂林土样水泥掺量基本上达到6%时才满足铺筑标准。对照国内无侧限抗压强度试验数据可知，两种强度试验得出的结论基本相同，刚果红土砾石的工程性能比桂林红土砾石的要好，作为路面基层材料刚果红土砾石水泥最低掺量为4%，桂林红土砾石水泥最低掺量为6%。

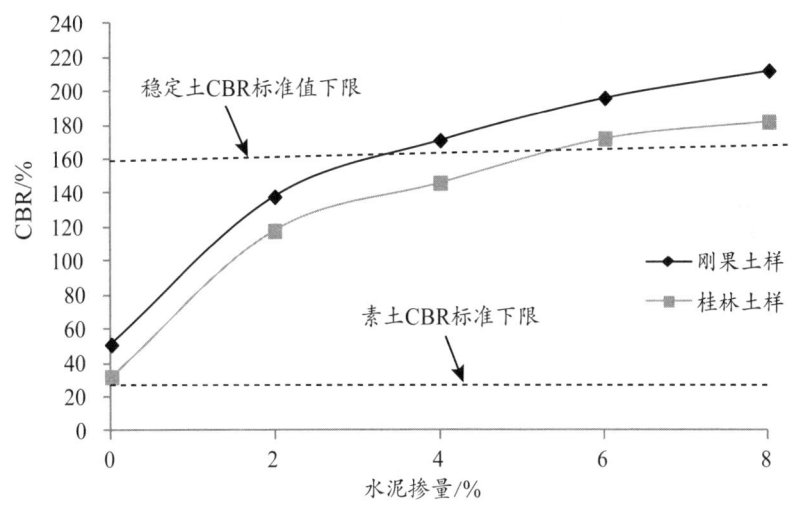

图2.26 CBR值随水泥掺量变化曲线

进一步对试验数据进行回归分析，可获得两种稳定红土砾石CBR值与水泥掺量的关系，见式（2.3）、式（2.4）。

刚果稳定土样CBR值与水泥掺量η的关系为：

$$\text{CBR}=0.469\eta^3-8.3\eta^2+57\eta+52 \qquad (2.3)$$

桂林稳定土样 CBR 值与水泥掺量 η 的关系为：

$$CBR=0.438\eta^3-8\eta^2+55\eta+33 \qquad (2.4)$$

式中　η——水泥掺量，$2\% \leqslant \eta \leqslant 8\%$。

2.2.4　稳定红土砾石的崩解性试验

崩解是指土体遇水发生解体塌落、强度减弱的现象。当土体发生崩解时，表明土体开始软化、抗冲刷性降低，遇水流作用后容易产生流失，使路面结构内部出现空洞。部分学者还直接将其作为一种可蚀性指标进行探讨研究。以土作为建筑材料的公路工程，不免遭受恶劣雨水气候的作用，土体易产生湿化的现象，甚至于破裂、剥落而降低道路稳定性，因此有必要对稳定红土砾石的崩解性进行研究。

2.2.4.1　试验方法与原理

通常崩解试验采用浮筒装置，但是试验时浮筒难以进行校正，读数容易产生误差。因此本试验采用自制崩解仪来进行试验，以不同掺量下的石灰、水泥改良红土砾石为研究对象，分析不同无机结合料对土样稳定的效果以及相同无机结合料不同掺量下对崩解速率的影响情况。

崩解仪由方形网板、水箱、电子秤等组成。方形网板采用细铁丝编织而成，外形尺寸为10 cm×10 cm，其中孔眼大小控制为0.5 cm²。试验装置见图2.27。

试验以《公路土工试验规程》为依据，筛选粒径小于5 mm 的土样。试验采用5 cm×5 cm×6 cm 试模制备5 cm×5 cm×5 cm 正方体试件。参考规范《公路工程无机结合料稳定材料试验规程》（JTG E51—2009）的相关规定，养护7 d 后进行试验。

试件初始制作质量公式：

$$M=\rho_d V(1+\omega) \qquad (2.5)$$

式中　ρ_d——土样干密度，g/cm³；

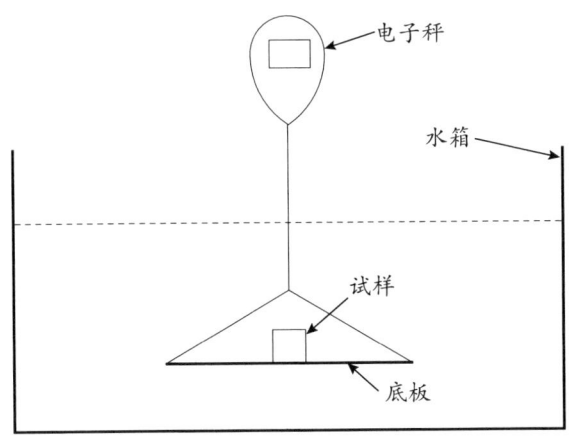

图2.27 试验装置图

V——试件体积，cm³；

ω——最佳含水量。

试验前，将水箱中装一定量的水，然后将试件放置在方形网板上，把网板连同试件悬挂在电子秤上，称其总质量 M。然后浸没在水中，读取测力计的初始读数，并开始计时（网板质量忽略不计）。再按一定的频率读取测力计的读数。试验前半小时每隔1 min 读一次，随后每隔5 min 读一次，直到试件崩解或达到稳定。

电子秤测量的值为未崩解土的重力与浮力的差值。土体崩解过程中，试件的重力及受到的浮力是一直产生变化的，但两者变化时存在恒定的比例关系，通过计算修正系数可获得较准确的崩解试验数据。

以网板上的未崩解的土体为受力研究对象，其分别受到自身重力、网板对它的支持力 F_N 以及水的浮力，三力平衡。对于饱和土样，方程式如下：

$$M_{未崩}g = F_N + \rho_w g V_{未崩} = F_N + \rho_w g \frac{M_{未崩}}{\rho_{sat}} \quad (2.6)$$

式中 ρ_w——水的密度，取1.0 g/cm³；

ρ_{sat}——土样饱和密度，试验得出刚果土样为2.8 g/cm³、桂林土样为

2.88 g/cm³。

由式（2.6）推出式（2.7）：

$$M_{未崩} = \frac{F_N \rho_{sat}}{g(\rho_{sat} - \rho_w)} \tag{2.7}$$

电子秤的示数为 m，即 $F_N = mg$，于是得式（2.8）：

$$M_{未崩} = \frac{m\rho_{sat}}{\rho_{sat} - \rho_w} \tag{2.8}$$

$\dfrac{\rho_{sat}}{\rho_{sat} - \rho_w}$ 是一个常数（即修正值），令其为 k，则：

$$M_{未崩} = mk \tag{2.9}$$

试件浸入水中，非饱和土会吸水增重并伴随气体溢出，对其求解过程相对复杂，数据处理通过简化部分条件对其近似求解，计算得出刚果天然红土砾石修正值为1.56，桂林天然红土砾石修正值为1.53。

平均崩解速率计算公式为式（2.10）：

$$\alpha = \frac{M - M_{未崩}}{M\, T_i} \times 100\% \tag{2.10}$$

式中 M——试件浸入水中初始质量；

$M_{未崩}$——某时刻试件剩余质量；

T_i——时间间隔。

图2.28~图2.30为两种稳定红土砾石崩解试验的部分照片。

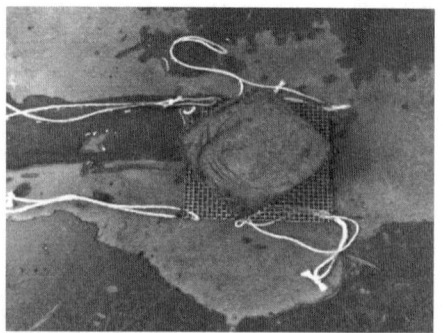

图2.28　崩解试件

图2.29　自制崩解仪　　　　　图2.30　崩解

2.2.4.2　天然红土砾石的崩解性

图2.31所示为两种天然红土砾石的崩解试验曲线。天然红土砾石最佳含水率较其他土质的含水率相对偏低,所以在相同湿度的环境下,它对水的敏感性要高。通过试验得出桂林素红土砾石的平均崩解速率速率为9.43 g/min,刚果天然红土砾石的平均崩解速率为8.33 g/min。

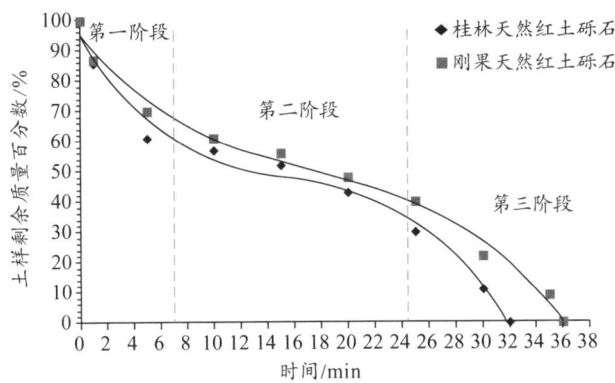

图2.31　天然红土砾石随时间崩解变化曲线

从天然红土砾石崩解情况来看,试块崩解大致可以分为三个阶段。第一阶段:试块浸入水中,周围清水立即变浑浊,水中产生大量气泡,试块面层以鳞片状大量剥落。第二阶段:试件被水软化,部分形成黏塑态,崩解速率减慢,趋于稳定。第三阶段:随着质量、体积不断减少,剩余的土体崩解从网格中大量掉落，直至完全崩解。两种土样的崩解时间与崩解量的关系曲线大致形状为倒"S"形，且桂林土样崩解阶段较为明显。

通过二元回归分析得桂林土样和刚果土样崩降时土样剩余质量百分数与时间的关系：

$$桂林土样：y=-0.008\,6t^3+0.409\,8t^2-7.365\,3t+95.264 \quad (2.11)$$

$$刚果土样：y=-0.004\,5t^3+0.236\,3t^2-5.359\,6t+95.316 \quad (2.12)$$

式中　t——时间，min；

　　　y——土样剩余质量百分数，%。

2.2.4.3 稳定红土砾石的崩解性

分别将两种土样用石灰、水泥稳定改良，并养护7 d后进行崩解性试验。崩解速率取无机结合料试件两组平行试验的平均崩解速率（完全崩解或保持稳定）的平均值，试验平均崩解速率数据见表2.10。由表中数据得知，加入石灰、水泥结合料后崩解速率相对于素土明显减小，结合料有效地提高了红土砾石的水稳性。整体上看，7 d养护后的水泥稳定土水稳性明显高于石灰稳定土，但是随着无机结合料的增加，石灰稳定土崩解速率减少量要比水泥稳定土明显。当水泥含量达到4%时，刚果土样几乎不崩解，能够在水中达到稳定状态。桂林土样当水泥含量达到6%时才能在水中达到不崩解的状态。石灰改良对两种土样的稳定性并没有达到良好的效果。

表2.10　平均崩解速率

无机结合料掺量		2%	4%	6%	8%
刚果土样	水泥试件	0.625 g/min	—	—	—
	石灰试件	5.56 g/min	3.33 g/min	2.58 g/min	—
桂林土样	水泥试件	0.63 g/min	0.61 g/min	—	—
	石灰试件	5.97 g/min	3.49 g/min	2.77 g/min	1.91 g/min

注："—"表示试件几乎不崩解。

由试验数据进一步得出崩解时间-试件崩解质量百分数的拟合曲线散点图，如图2.32~图2.35所示。

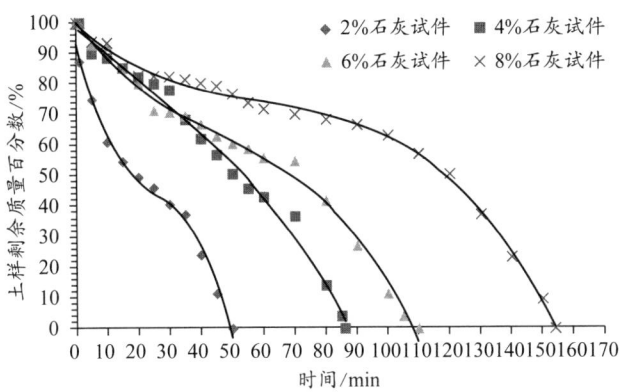

图2.32　桂林土样石灰稳定试件崩解曲线

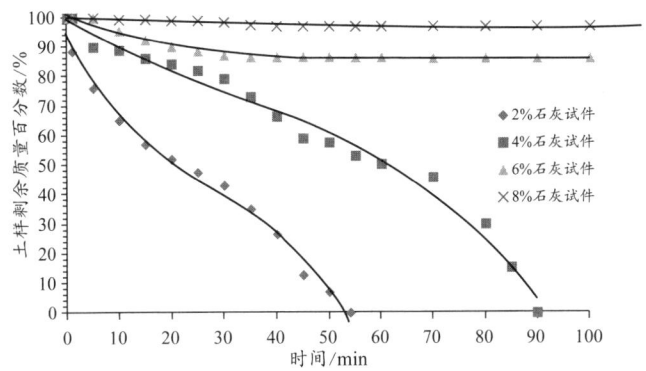

图2.33　刚果土样石灰稳定试件崩解曲线

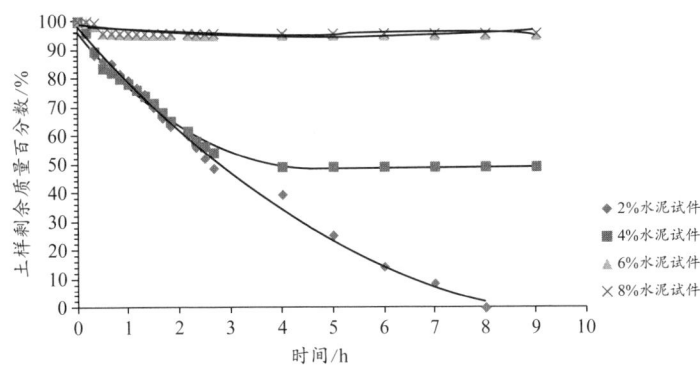

图2.34　桂林土样水泥稳定试件崩解曲线

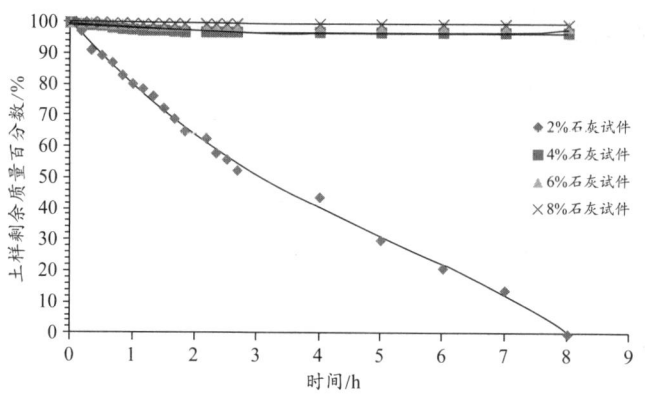

图2.35 刚果土样水泥稳定试件崩解曲线

稳定红土砾石崩解情况与天然红土砾石情况有明显的不同，它没有明显的崩解阶段，但几乎以一定的崩解速率崩解至完全或是稳定状态。可能是因为无机结合料的吸水性以及遇水发生了水化反应，抑制了水的侵蚀作用，而使崩解速度达到一个稳定的状态。低含量的石灰稳定土虽然增加了土体的水稳定性，但是避免不了受到水环境的影响而产生崩解，当刚果土样石灰含量高于6%时，试件在水中只受少量崩解。当水泥含量为2%时，两种土样崩解的情况几乎一致，没有太大差别。水泥含量增加到4%，刚果土样在水中就能趋于不崩解状态，桂林土样则需要水泥含量达到大致6%才能达到不崩解。

回归分析表明，两种土样的崩解过程可用式（2.13）描述：

$$\alpha=[1-(at^3+bt^2+ct+d)]M/t \tag{2.13}$$

式中　M——试件初始质量；

　　　t——崩解时间。

公式系数见表2.11和表2.12。

实际工程中，许多地区都有雨季，某些道路沿河修筑，一旦雨季长，环境恶劣，往往会导致基层一直处于饱水状态，长时间浸泡发生崩解。试验目的就是探究稳定土在遇水条件下的崩解情况，我们绘制了两种无机结合料不同掺量下稳定土的崩解曲线，得出崩解速率方程，为现场提供参考，以便于及时有效地采取措施，避免在施工中水条件对基层产生损害。

表2.11 实测桂林土样崩解速率拟合方程系数

无机结合料	含量	拟合方程系数				拟合优度
		a	b	c	d	
石灰	2%	−0.001 9	0.143 8	−4.457 8	95.11	0.991 5
	4%	−0.000 9	0.052	−0.933 9	98.522	0.990 1
	6%	−0.000 1	0.019 3	−1.417 9	101.04	0.993 3
	8%	−0.000 07	0.012 3	−0.924 8	99.631	0.996 1
水泥	2%	0	0.930 7	−19.359	97.213	0.995 1
	4%	−0.205 2	4.021 5	−25.131	98.774	0.991 9

表2.12 实测刚果土样崩解曲线回归分析方程表

无机结合料	含量	拟合方程系数				拟合优度计
		a	b	c	d	
石灰	2%	−0.000 1	0.083 2	−3.440 4	94.412	0.989 3
	4%	−0.000 2	0.014 5	−1.12	99.723	0.984 8
水泥	2%	−0.167 9	2.627	−22.864	100.43	0.997 2

2.2.5 稳定红土砾石的渗透性试验

红土砾石稳定土作为密实型材料，透水性能决定被水侵蚀的难易程度。水渗入时，在渗透水压力影响下，土中的胶凝颗粒物质容易被水流溶蚀，使土体黏聚力降低。土体中被溶蚀的颗粒被水流带走，内部会产生孔隙，强度下降的同时导致不均匀沉降的产生。

渗透性试验采用养护70 d后的圆柱形试件进行。经过70 d养护后稳定红土砾石强度以及其他各项性质达到了稳定状态，这时候测定其渗水系数更能符合实际条件。

试验以《公路土工试验规程》为依据，采用PVC套筒制样，养护后直接在PVC套筒中进行无压渗透。制样时将稳定红土砾石在圆柱形PVC套筒（$D=7$ cm，$H=8$ cm）中分三层压实成形。养护后，用玻璃胶把试件与PVC套筒之间的空隙进行密封。试验前测量土样与套筒的总质量（初始质量M_1），然后在套筒内每个试件上方注入150 mL水，静置待其渗透，计时并观察是否有水从试件底部渗出。当发现有水从试件底部渗出时试验结束，倒掉试件顶部多余的水，并擦干试件表面水分，测量渗透后试件质量M_2。

按式（2.14）计算各掺量下的渗透系数C_w。

$$C_w = \frac{M_1 - M_2}{T_2 - T_1} \qquad (2.14)$$

式中　C_w——渗水系数，mL/min；

　　　M_1——初始加水试件质量，g；

　　　M_2——结束倒水后试件质量，g；

　　　T_1——初始时间，min；

　　　T_2——结束时间，min。

图2.36~图2.40为渗透性试验过程中的部分照片。

图2.36　试件养护

图2.37 密封后试件

图2.38 加水静置

图2.39 表层土软化

图2.40 水渗透至底部

两种土样不同水泥掺量的渗透系数计算结果见表2.13。为了更便于分析，将试验数据图像化得到两种土样渗透系数和水泥掺量的关系曲线，见图2.41。由图可知，渗透系数随着水泥、石灰掺量的增加而减小，说明无机结料的增加可以提高稳定红土砾石抗渗性能。但在低掺量下，水泥稳定红土砾石的抗渗性要大于石灰稳定红土砾石，当掺量都达到5%时，稳定红土砾石的抗渗性趋于一致，渗透系数稳定在0.103 mL/min，为较易透水性土（渗水系数大于0.06 mL/min 的为较易透水性土，渗水系数小于0.06 mL/min 的为不易透水性土）。

稳定红土砾石渗透性较好，但是遇到恶劣的雨水天气，面层渗水至基层表面，导致水不易疏散排开，容易造成冲刷现象。所以在工程中，沥青面层、封层的防水效果，对半刚性稳定土基层的寿命有直接的影响。

表2.13 渗透系数试验结果

掺量/%	2	4	6	8
水泥稳定土	0.218	0.188	0.131	0.099
石灰稳定土	0.377	0.233	0.139	0.095

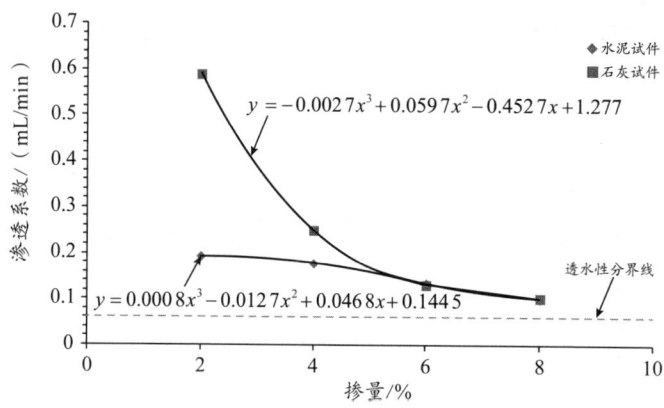

图2.41 渗透系数随掺量变化的关系曲线

2.2.6 稳定红土砾石的干缩性试验

早期干缩是稳定土的主要不良特性之一，也是导致半刚性路面早期病害的主要原因之一。研究表明，影响稳定土体积收缩开裂的主要因素有含水量、压实度、养生条件以及原土质等。有些土质有机质含量较高，土质呈酸性，不利于水泥、石灰稳定。实际工程中由于养生条件、压实度和含水量达不到要求，收缩产生的拉应力大于稳定土增长过程中的强度，而使内部形成裂隙。

试验以《公路工程无机结合料稳定材料试验规程》为依据，使用标准环刀（$H=20$ mm，$D=61.8$ mm）制作了水泥掺量分别为2%、4%、6%、8%的饼状试样并养护90 d。养护90 d后将试件从养护箱中取出进行饱和，测出饱和时的质量，然后放置在自制干缩仪上，在试件顶部放薄铁片，并使其与百分表表头接触，记录初始百分表读数。

图2.42~图2.45为干缩性试验过程照片。

图2.42 试件养护

图2.43 干缩

图2.44 试件称量

图2.45 试件烘干

定时观测百分表读数，记录试件轴向变形量。当百分读数达到稳定后，试验结束。试验结束后称量试件质量，再放入烘箱内烘干，再测量烘干后的质量。

试验结束后按式（2.15）~式（2.17）计算干缩系数。

试件失水率：

$$\omega = (m_1 - m_2)/m_p \quad (2.15)$$

试件干缩应变：

$$\varepsilon = \delta/l \quad (2.16)$$

试件干缩系数：

$$\alpha = \varepsilon/\omega \quad (2.17)$$

式中　ω——失水率；

　　　m_1——初始饱和质量，g；

　　　m_2——干燥稳定后质量，g；

　　　m_p——标准试件烘干后质量，g；

　　　ε——干缩应变；

　　　α——干缩系数；

　　　l——试件长度，mm。

表2.14为干缩试验数据整理结果。图2.46所示为试件轴向干缩变形量随时间变化的曲线图。从图中可以看出，水泥试件的轴向位移变化分为两个阶段。第一阶段：曲线斜率大，说明试件达到饱和后，干缩变形前期很明显。第二阶段：曲线斜率骤然减小，说明试件干缩变化趋于稳定。不同水泥掺量试样的干缩规律基本一致，都是在前四天产生相对较大的变形，且水泥含量越高，产生的竖向位移越小。四天后产生变形的速率减小。

表2.14　干缩试验数据整理结果

各项指标	水泥掺量			
	2%	4%	6%	8%
初始高度 /mm	20	20	20	20
饱和质量 /g	115.5	109	108.7	103.5
烘干质量 /g	101	89.4	88.3	83.1
饱和含水率 /%	12.6	17.98	18.77	19.71
风干质量 /g	102.8	91.2	90.2	85.1
失水率 /%	11	16.33	17.02	17.78
干缩系数 /%	6.77	6.43	4.44	2.25

图2.47为干缩系数与水泥掺量的关系曲线。从中可知，随着水泥掺量增加，试件饱和时的含水率越高，在自然风干的条件下，风干后试样失水率也越大。

但随着水泥含量的增加，竖向干缩系数逐渐减小。实际工程中，为了防止无机结合料稳定土产生的收缩现象，需要加强前期的养护，保证足够的养护时间。

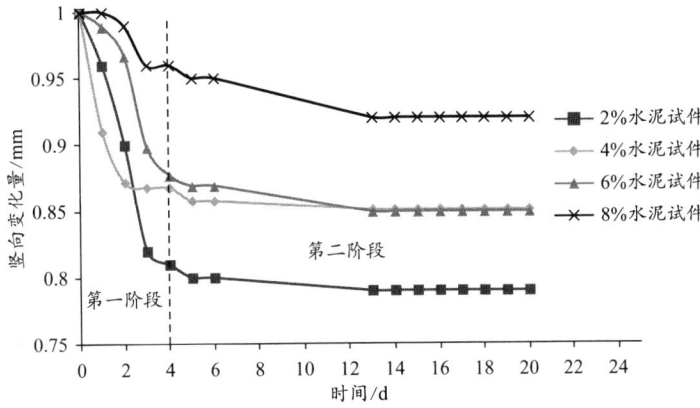

图2.46 轴向变化量随时间变化的曲线

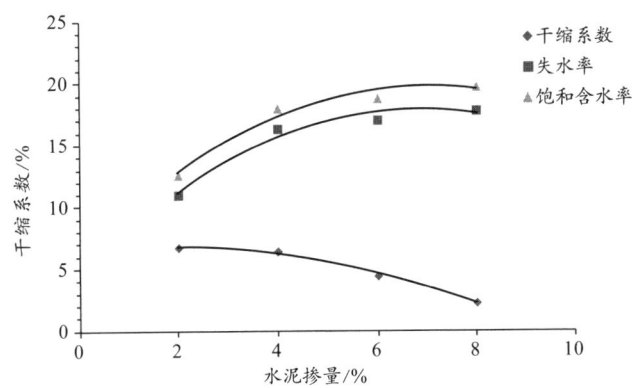

图2.47 干缩系数与水泥掺量的关系曲线

2.2.7 稳定红土砾石的干湿循环试验

试验前用环刀制作了水泥、石灰掺量分别为2%、4%、6%、8%的试样并养护90 d。当试样养护结束后，先将试件饱和，并测量其质量以及测量试件平均高度、平均直径，再放入108 ℃烘箱内进行恒温烘干，然后取出并测量其质量以及测量试件平均高度、平均直径。再饱和、烘干、饱和、烘干……如此反复直至试件破坏。

干湿循环的试验数据见表2.15和表2.16。

表2.15 水泥耐久性数据表

水泥试件	2%		4%		6%		8%	
	ΔH	ΔD	ΔH	ΔD	ΔH	ΔD	ΔH	ΔD
第一次循环	0.5 mm	0.5 mm	1 mm	0 mm	1 mm	1 mm	0 mm	0 mm
第二次循环	0 mm	1 mm	0.5 mm	1 mm	0 mm	1 mm	0 mm	1 mm
第三次循环	0 mm	0.5 mm	0 mm	1 mm	0 mm	1 mm	0 mm	0.5 mm
第四次循环	0 mm	0.5 mm	0 mm	0.5 mm	0 mm	1 mm	0 mm	0.5 mm

表2.16 石灰耐久性数据表

石灰试件	2%		4%		6%		8%	
	ΔH	ΔD	ΔH	ΔD	ΔH	ΔD	ΔH	ΔD
第一次循环	2 mm	2 mm	0 mm	0.5 mm	1 mm	0.5 mm	1 mm	0.5 mm
第二次循环	—	—	—	—	1 mm	0 mm	1 mm	0 mm
第三次循环	—	—	—	—	0 mm	0 mm	0 mm	1 mm
第四次循环	—	—	—	—	—	—	0 mm	0 mm
第五次循环	—	—	—	—	—	—	0 mm	0 mm

注："—"表示试件完全破坏。

图2.48~图2.50为干湿循环试验过程中的部分照片。由试验数据和试件变化可知，石灰稳定红土砾石在温度、水分的作用下容易发生破坏，当石灰含量达到8%时，就会引起表层开裂、剥落，最后干缩达到稳定状态。水泥试件的耐久性优于石灰试件，反复循环下，试件竖向干缩变化量逐渐达到稳定，并不产生变化，横向干缩变形也逐渐稳定在0.5~1 mm之间。

图2.48 干燥烘箱

图2.49 试件破坏　　　　　　图2.50 试件开裂

2.2.8 稳定红土砾石回弹模量试验

试验以《公路工程无机结合料稳定材料试验规程》为依据，采用室内抗压回弹模量承载板法测量稳定红土砾石回弹模量值。试验前分别以水泥、石灰为结合料，分别按2%、4%、6%、8%的掺量制备试样，并在规定条件下养生：对水泥稳定土样养生90 d，对石灰稳定土样养生180 d后进行试验。养生达到要求后，将土样取出，放入水中浸泡24 h，再装到杠杆式压力仪上。预定承载板上的单位压力为0.6 MPa，将其分为6等份进行分级加载，记录每级荷载加载时的变形量和卸载后的变形量。试验用水泥为325[#]普通硅酸盐水泥，石灰为1级消石灰。图2.51为回弹模量试验时的照片。

◎ 红土砾石工程特性及其在路面工程中的应用

图2.51 抗压回弹模量试验

试验后按《公路工程无机结合料稳定材料试验规程》给定的数据处理方法计算出各级荷载作用下的回弹模量，结果表明，2%、4%、6%、8%水泥掺量的试件弹性模量范围值依次为335~556 MPa、502~741 MPa、721~1 159 MPa、1 335~2 226 MPa，2%、4%、6%、8%水泥石灰掺量的试件弹性模量范围值依次为309~495 MPa、432~667 MPa、643~1 090 MPa、947~1 590 MPa。将各级荷载下的回弹模量绘在同一坐标系内进行对比（图2.52）。由分析可知，两种稳定土样在各结合料掺量下的回弹模量有较好的一致性，各结合料掺量土样的回弹模量均随荷载增加而减小，同一结合料土样的回弹模量随结合料掺量的增加而增大。进一步对图2.52(a)和图2.52(b)可知，相同掺量与荷载条件下水泥稳定土样的回弹模量比石灰稳定土样的回弹模量要大。

将相同条件下水泥稳定土样的回弹模量除以石灰稳定土样的回弹模量得到两者的比值，见图2.53。可见，各条件下两者的比值都大于1，即水泥稳定土样的回弹模量较石灰稳定土样的回弹模量要大，但当掺量为2%、4%时，比值变化不大，在1~1.2之间；当结合料掺量达到6%时，比值增加到1.2、1.3及以上；当结合料掺量达到8%时，比值增加到1.4以上。可见低掺量下，水泥稳定土样的回弹模量较石灰稳定土样的回弹模量增加幅度有限，但当掺量增大后，水泥稳定土样的回弹模量增幅有较大的提高。

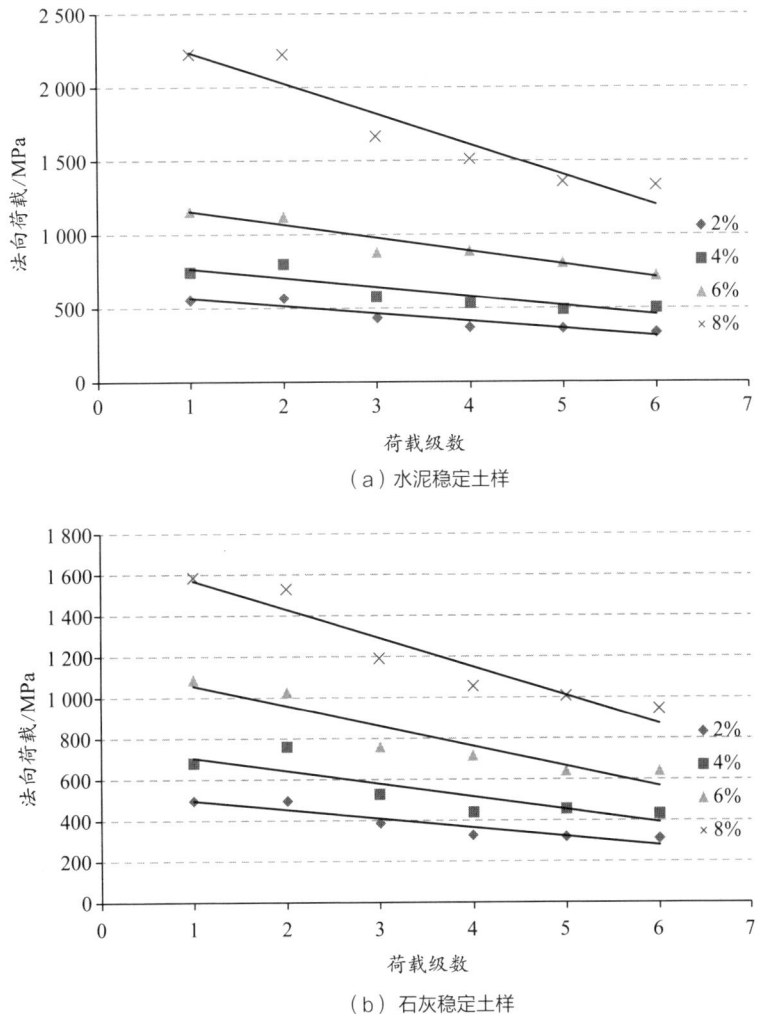

图2.52 各级荷载作用下稳定土样的回弹模量

半刚性基层是我国高等级公路常用路面的主要结构层，一般采用水泥、石灰为结合料对具有一定级配的土样进行改良、压实、养生而获得，具有板体性好、强度高、成本低等优点。回弹模量是路面结构设计的重要参数，直接影响到结构组成与结构层厚度的选择,回弹模量高意味着路面结构弯沉值比较小,路面可以承受更大的交通荷载。从这点上可以看到,如果采用红土砾石为路面结构层的材料,宜选择水泥作为结合料。

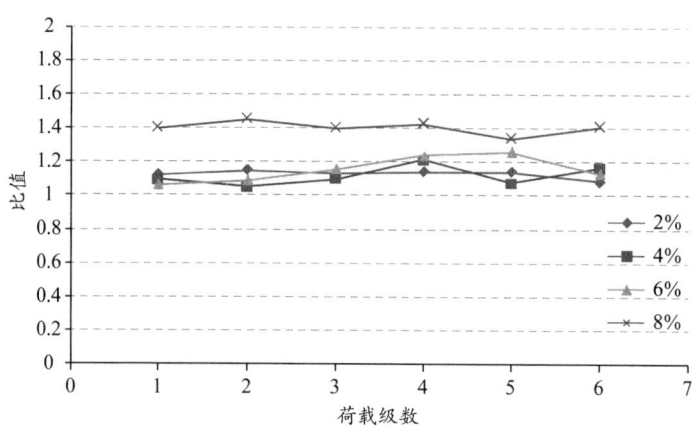

图2.53 两种稳定土样的回弹模量比值关系

2.3 本章小结

(1)非洲刚果盆地红土砾石为结核质砾石,桂林砾石为泥质砾石,两者的物理力学性能也有较大的差别。相比之下,刚果盆地红土砾石的承载比CBR和抗剪强度较国内红土砾石要高。

(2)按技术要求,当压实度达到92%以上时,非洲刚果盆地的红土砾石可以满足基多道路整治工程中填方工程和垫层的要求,当压实度达到98%以上时可以满足底基层填料的要求。桂林红土砾石具有强度高的特性,当压实度达到规范要求时,可以用作各级公路路基填筑料,但不宜直接用作路面底基层材料。

(3)以水泥、石灰为结合料,制作了不同掺量(2%、4%、6%、8%)的水泥、石灰稳定红土砾石试样,完成了稳定红土砾石的CBR试验、无侧抗压强度试验、崩解性试验、渗透性试验、干缩试验、干湿循环试验、回弹模量试验等，结合规范与依托工程技术文件要求，分析了稳定红土砾石用于路面基层的可行性。研究表明，非洲稳定红土砾石的水稳定性、抗渗性均优于桂林稳定红土砾石，无机结合料掺量越高效果越明显。非洲稳定红土砾石在水泥掺量为4%、石灰掺量为8%时，可满足路用强度要求；桂林稳定红土砾石在水泥掺量为6%时，可满足路用强度要求。

第 3 章 改良红土砾石强度特性试验研究

3.1 引言

刚果盆地红土砾石经压实后，承载力高，是良好的路基填料，但是要作为路面基层或底基层，其水稳定性和耐久性以及强度并不能满足现场要求，考虑到经济性、安全稳定性，在实际工程中常在土体中加入一定量的固化剂，与土体发生物理化学反应，改变土体的成分与构造，从而可以大大提高土体的强度、水稳定性。结合现有改良方法的应用现状与各改良方法的好坏，对刚果盆地红土砾石进行改良试验研究，得出最佳改良方法与改良剂的最佳掺量显得尤为重要。本次试验采用石灰、水泥作为改良剂，对红土砾石进行改良，试验添加石灰、水泥掺量分别为2%、4%、6%、8%。比较室内抗剪强度试验方法，选取最直观、可靠、有效的三轴压缩试验（固结不排水试验），研究改良后的红土砾石的强度特性与强度变化规律，获取改良红土砾石的抗剪强度，分析其强度形成机理。

3.2 试验原理与试验方案

20世纪30年代，美国哈佛大学学者为确定土的强度指标，用有应力边界条件的圆柱形试样的压缩试验代替直剪试验，后经过许多专家的研究与完善，发展成目前广泛应用的三轴试验。它可以完整地反映试样受力变形直到破坏的全过程，因而既可用于强度试验，也可用于应力应变关系试验，还可以用于模拟不同工况、不同应力路径的试验，也可很好地控制排水条件，在不排水条件下量测试样的超静孔隙水压力。三轴试验操作比较简单，试样的应力状态明确，应变量测简单可靠，可较容易地判断试样的破坏。

常规三轴压缩试验有时也简称为三轴试验，其主要步骤与原理如下：先制备圆柱形试样，试样经真空抽气饱和后，将试样用橡皮膜包裹后放置在压力室底座上，土样另一端放置试样帽子，且土样上下两端各放一块透水石，用橡皮筋扎好上下两端橡皮膜，并且使压力室内的水与试样内的孔隙水完全隔开。试样安装完毕后，向压力室施加围压 σ_3，并在整个实验过程中保持围压不变，这时试样内各向的三个主应力相等，且不产生剪应力 [图3.1(a)]。再对试样施加竖向压力，当围压保持不变，而竖向压力逐渐增大时，试样受剪直至破坏 [图3.1(b)]。试样受到各向等应力 σ_3 时，应力圆为一点；随着偏应力 $(\sigma_1-\sigma_3)$ 的逐渐增大，应力圆随之扩大。作出 $(\sigma_1-\sigma_3) \sim \varepsilon_a$ 的关系曲线 [图3.1(c)]，选其峰值为破坏点 (无峰值时选竖向应变 ε_a=15%~20% 时为破坏点)，得到破坏时的偏应力 $(\sigma_1-\sigma_3)_f$ 及最大主应力 $\sigma_{1f}=(\sigma_1-\sigma_3)_f+\sigma_{3f}$。用 σ_{1f}、σ_{3f} 作应力圆即为极限应力圆。通常一组试验用3~4个试样，每个试样的 σ_3 值不同，一组试验可得到3~4个极限应力圆。作各级极限应力圆的公切线即为强度包线 [图3.1(d)]，从而得到 c、φ 值。

本次试验以刚果盆地的红土砾石为研究对象，进行固结不排水剪切试验（CU 试验），共分为9组，每组4个试样，其中素土为一组，掺石灰、水泥各4组，石灰、水泥掺灰比设置为2%、4%、6%、8%，共36个试样。试验过程中的有效围压设置为100 kPa、200 kPa、300 kPa 和400 kPa。

◎ 第3章 改良红土砾石强度特性试验研究

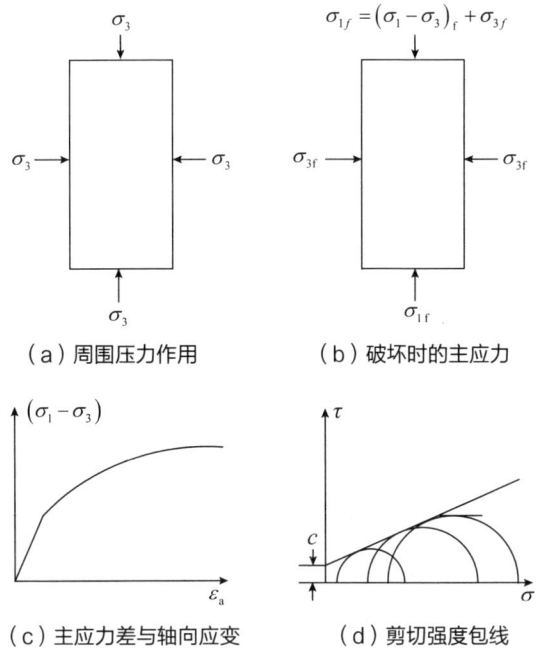

图3.1 三轴剪切试验原理

3.3 试验仪器

试验仪器为南京土壤仪器厂有限公司生产的应力应变控制式三轴剪切渗透试验仪，该三轴仪主要包括压力室，应力应变、围压及孔压、反压及体变测量控制器，位移、压力传感器，主机，以及三轴试验采集软件，可对三轴试验进行等应力、等应变控制，进行 UU、CU、CD 试验、不等向固结、等向固结、反压力饱和、K0 试验，应力途径试验和渗透试验等。仪器各部分采用单片机控制，能够独立工作，而且能够与计算机进行数据交换。各控制器可以根据 PC 机的指令，将试验过程中的数据传输给计算机，并实时绘制曲线，保存数据，试验结束后，可打印曲线和报表。

3.4 试验步骤

3.4.1 取样和试样制备

3.4.1.1 土样来源

试验所取土样来自于刚果（布）基多公路红土砾石料场。图3.2为现场取样图。取样后在室内完成了含水率、击实、液塑限等试验，获得土样的基本物理力学指标，见表3.1。

图3.2 现场采样

表3.1 基多公路红土砾石基本物理指标

指标项	天然含水率 /%	天然密度 /(g/cm³)	比重	最大干密度 /(g/cm³)	最佳含水率 /%	液限 /%	塑限 /%	塑性指数 /%
数值	24.6	1.74	2.74	2.16	9.54	35.5	12.47	18.03

3.4.1.2 试样制备

（1）土料处理。首先将试验用土样摊铺风干，风干后，取定量土样置于木板上，用木槌将大颗粒的土颗粒均匀捣碎，然后用锥形碾将土料均匀碾散，将碾散的土样过2 mm筛。

（2）配土。采用酒精燃烧法测得土样含水率，取适量土样，按照最大干密度和最佳含水率计算，由式（3.1）算出掺水量。加水时需慢慢均匀地将水喷洒在土中，并不停搅拌直到土粒均匀为止。充分拌和后放入塑料袋中，闷24

h，使水分与土充分接触。

$$m_\text{w} = \frac{m_\text{i}}{1+0.01w_\text{i}} \times 0.01(w-w_\text{i}) \qquad (3.1)$$

式中：m_w——所需的加水量，g；

m_i——含水率 m_i 时土样的质量，g；

w——要求达到的含水率，%；

w_i——土样初始含水率，%。

（3）掺灰。本次试验采用熟石灰，将准备好的石灰过0.5 mm 的筛子，分别按照2%、4%、6%、8% 的石灰掺入量掺到上述土中，然后将石灰与土充分搅拌至均匀。再加入水到最终试样所需含水量并再次搅拌直到土中无明显的土团。

（4）击实制样。试验采用3层击实方法制备试样，试样直径为38 mm，高度为76 mm。在制作试样之前，将击实套筒内壁涂上凡士林，以便于脱模。将三瓣饱和器用钢环固定住，在饱和器下放置一张滤纸，按照折算后的石灰土密度，对应相应的压实度，计算出每个试样所需的土样质量，按照土样质量平均分成3份依次用0.01 g 精度的天平称出，并倒入击实筒内，分层击实。每层击实完毕后，对表面要进行刮毛，防止脱模后出现分层脱落。制样时统一按照采用90% 的压实度。图3.3所示为击实及击实成样后的试件。

图3.3 击实及击实后的土样

3.4.1.3 注意事项

（1）考虑到105 ℃烘干条件对土体的胶体物影响较大，改良土的重塑试样均采用风干土。

（2）在制备掺水泥的试件中，由于水泥存在初凝时间，从水泥拌和到制样完成控制时间在4 h之内。

（3）制备好的试样贴好标签，以免土样混淆。

（4）制备好的土样不能立即用于试验，应统一置于湿度大于90%的保湿缸中，并控制室温（图3.4）。对于水泥稳定材料类的标准龄期是90 d，石灰稳定材料类的养生龄期为180 d。

（5）要保证制备的土样表面光滑平整，没有空洞、缺角以及裂纹出现。

本次试验采用的水泥为42.5级普通硅酸盐水泥，掺水泥的试件制备具体步骤与上述相同，因此不再赘述。

图3.4 试样养护

3.4.2 试样饱和

试样养护完毕后，将需要试验的试样装入饱和器中。在饱和器上下分别放一张滤纸与透水石，最后将饱和器固定。试样采用真空抽气饱和。将固定好后的饱和器置于真空饱和缸内，为提高真空饱和缸的真空度，防止漏气，在真空缸和盖缝处涂一层凡士林，盖紧，接通真空缸与抽气机，打开抽气机，开始抽气,当真空压力达到负的一个大气压(-101.325 kPa)时,慢慢打开连通清水的开关,使清水注入真空饱和缸的试样中,待水面超过三瓣饱和器后,使真空表压力保持一个大气压不变时,即可停止抽气,然后静置10 h左右,使试样充分吸水饱和。也可先在真空饱和缸内注入清水,然后将装入三瓣饱和器后的试样浸没在清水里,连续真空抽气2~4 h,然后停止抽气,静置12 h左右即可。如图3.5所示。

图3.5 试样抽真空饱和

3.4.3 试样安装

将土样从饱和器中取出,然后在土样上下各放置一块透水石,一只手按住透水石,另一只手将饱和器自下往上慢慢取出,依次取下三瓣饱和器,将土样完好地取出。将试样套上橡胶膜,下部放置滤纸和透水石,使橡胶膜紧贴承膜筒,然后用橡胶吸球将承膜筒与橡胶膜之间的空气吸尽,再将橡胶模套在土样上。将试样置于底座上,土样另一端从下往上放置滤纸、透水石与试样帽,用橡皮筋扎紧上下橡胶膜。试样安装完毕后,安装压力室,向压力室注入水,直至水充满压力室。图3.6即为安装好的试样图。

图3.6 安装好的试样

3.4.4 仪器操作

试验采用固结不排水（CU 试验）方法对试样进行剪切。CU 试验原理是：通过恒定的围压施加至试样后，待土样固结完成后，以恒定的应变速率对土样进行剪切，测量土样的抗剪破坏的能力。CU 试验分为两部分：固结试验与不排水剪切试验。试验时通过电脑进行试验参数的设定，其中包括目标围压、反压力、应变速率、偏应力，通过控制键对以上参数进行控制，在电脑荧屏上可以读出实际的围压、孔隙水压力值、反压力值、偏应力。同时软件还可以显示偏应力与轴向应变的关系曲线、有效应力与轴向应变的关系曲线以及轴向应变与时间的关系曲线、孔隙水压力与轴线变形的关系曲线。

（1）打开三轴试验数据采集软件，如图3.7所示，在开始试验之前，将围压控制器与反压力控制器清零，若不施加反压力，则关闭排水阀，在试验方法中选择 CU 试验，选择土样编号，选择试验结束条件和条件参数，选择完毕后点击开始试验。

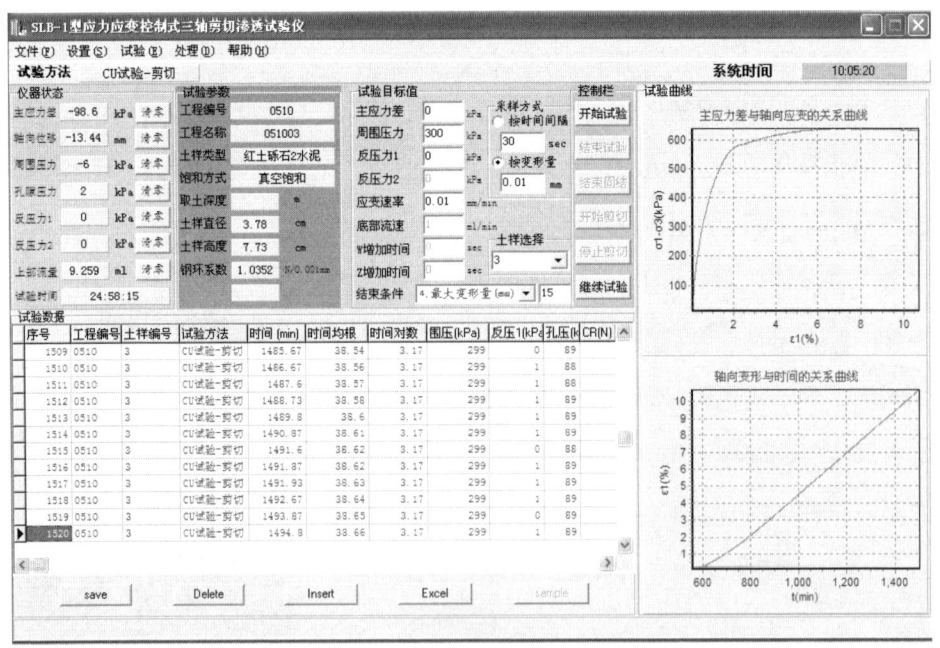

图3.7 三轴试验数据采集软件

（2）待固结试验完成，即固结度达到95%左右（孔隙压力接近0 kPa）后，结束固结，进行剪切试验。剪切过程采用应变控制式，根据《土工试验方法标准》，固结排水剪切速率每分钟应变0.003%~0.012%，试验应变速率设置为0.01 mm/min，应变达到15%左右或出现明显的峰值则剪切试验完成。

（3）试验结束后，将数据导入Excel中。同时，按下围压控制器的进液按钮，卸载围压，并按下应力应变的测量按钮，使工作台下降，最后拆除试样，分析试样破坏现象。

3.5 素红土砾石强度特性

为了对比分析掺石灰、水泥改良红土砾石的效果，本次试验首先对素红土砾石进行了三轴压缩试验，分别在100 kPa、200 kPa、300 kPa、400 kPa围压下完成了固结不排水试验。当应变达到15%时结束试验。

试样的剪切破坏通常是从局部到整体的过程。试样的破坏形态大致可以分为两种，一种为鼓状破坏，另一种为剪切面破坏。鼓状破坏指试样没有明显的破裂面，但试样中部向外鼓起，直径变大；而剪切面破坏为试样有明显的破裂面，出现斜向直线的剪切破坏面。图3.8所示为素红土砾石剪切试验的试样形态。由图所知，红土砾石试样在整个三轴压缩过程中均没有出现明显的剪切破坏面，而是在剪切过程中，试样中部向外鼓起，说明发生了剪胀，最终试样呈现鼓状破坏。

通过CU试验可获得不同围压条件下素红土砾石的应力-应变曲线，如图3.9所示。分析可知，无论是在低围压还是在高围压下，试样随着轴向应变ε_1的增加，偏应力$\sigma_1-\sigma_3$不断增大，当达到峰值强度后有所减小，但减小幅度较小，最后都趋于稳定状态，表现为弱应变软化特性。尤其是在高围压（围压为400 kPa）时，当偏应力达到峰值之后又减小，最后趋于稳定。土样在低围压条件下，孔隙体积被压缩，土颗粒之间变得紧密密实，土体骨架得到加强，故土样的抗剪强度增大。但土体的微观结构并没有发生根本上的变化，当围压引起的孔隙体积达到极限时，抗剪强度将不再增加，宏观上表现为应变硬化特性。而在高围压条件下，土体的孔隙体积得到了压缩，土颗粒之间排列更加密实紧凑，土体骨架变得坚硬，土体抵抗外部变形的能力大大提高。当轴向力达到了其最大的承载力时，土体的骨架遭到了破坏，其承载力下降，最后趋于稳定，宏观上表现为应变软化特性。

图3.8 三轴压缩后红土砾石试样

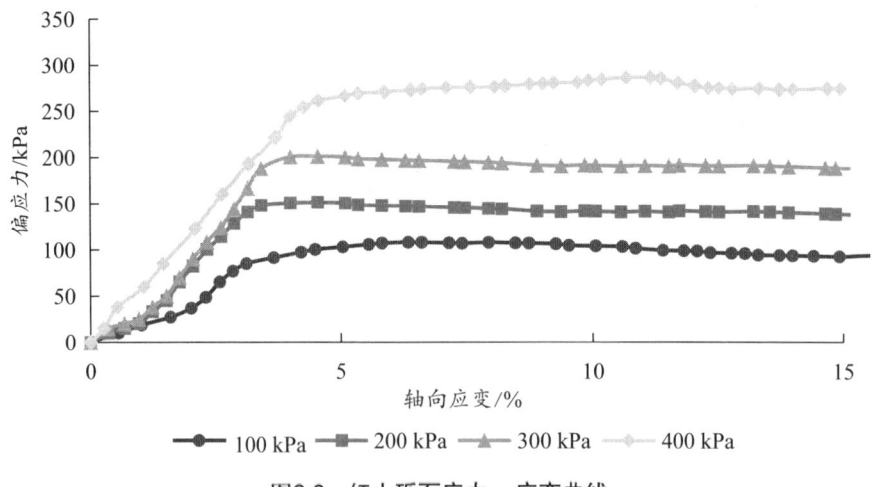

图3.9 红土砾石应力-应变曲线

以$[(\sigma_1+\sigma_3)/2, 0]$为圆心，$(\sigma_1-\sigma_3)/2$为半径画出不同围压下的摩尔应力圆，并绘制出抗剪强度包络线，如图3.10所示，可得素红土砾石黏聚力c为15.69 kPa，内摩擦角为13.16°。

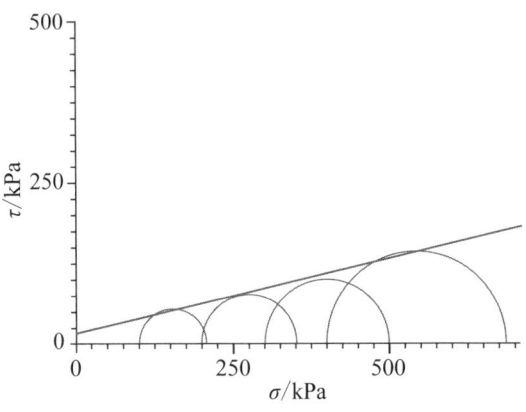

图3.10 红土砾石强度包络线

3.6 改良方法与作用机理探讨

3.6.1 石灰改良机理

石灰是人类最早应用的胶凝材料之一，主要成分为碳酸钙，在经过900~1 100 ℃煅烧分解后，生成氧化钙与氧化镁。在土中掺入石灰后，土体与石灰之间发生一系列的物理化学作用，从而使土体的物理力学性质发生了很大的变化。对于石灰改良土的强度形成机理，国内外已有很多的研究成果与结论。石灰改良土发生的物理化学主要包括以下几个方面。

3.6.1.1 石灰的水化反应

生石灰与土中的水发生反应，即生石灰的熟化过程中，生石灰吸水放热生成氢氧化钙（熟石灰），反应过程中放热加速了混合料的化学反应，土中的水散失速度加快，土中含水率下降。由于氢氧化钙的体积比氧化钙的体积大一倍，生成的氢氧化钙膨胀挤压周围土颗粒，使土体更加密实。

3.6.1.2 离子交换作用

生石灰与水发生反应生成氢氧化钙，氢氧化钙电离生成阳离子（Ca^{2+}）与阴离子（OH^-）。土中的颗粒具有一定的胶体性质，带有一定的负电荷，容易吸附土中的钠、钾等低价阳离子（Na^+、K^+），石灰掺入土中得到的高价 Ca^{2+} 离子与 Na^+、K^+ 离子发生离子交换作用，土中颗粒表面吸附的离子由一价离子变为二价离子，由于高价离子比低价离子结合水膜较薄，土中的颗粒吸附作用增大，分子引力增大，黏结作用增强，发生凝聚现象，使土体结构增强，强度提高。

3.6.1.3 凝胶反应

凝胶反应是指石灰掺入土中会产生氢氧化钙，为土体提供了碱性环境，红土砾石是一种铁质硅铝结合体，其中含有丰富的铁元素与硅铝矿物，其与氢氧化钙、水发生化学反应，生成铁酸钙、硅酸钙等化合物并以网状薄膜的形式分布在土颗粒中，并不断吸水硬化，使土中的颗粒之间的空隙减小，密实度增大。凝胶反应时间很长，这也就是随着龄期的的增长而强度不断提高的原因所在。

3.6.1.4 碳化作用

土体暴露在空气中，空气中的二氧化碳通过土体的空隙与氢氧化钙发生反应，生成碳酸钙，碳酸钙是坚硬的晶体且不溶于水，具有较高的强度和稳定性，且碳酸钙的体积比氢氧化钙大，大大提高了土的密实度，提高了土体的强度。碳化反应在空气中持续发生反应，且随着龄期的增长，土体的强度不断变大。

综上所诉，石灰改良土的强度机理主要是石灰与水反应生成氢氧化钙，氢氧化钙与土中的硅铝矿物发生反应，发生凝胶作用，离子交换作用使土颗粒吸附作用增大，减小了土颗粒的空隙，提高了土体密实度，后期主要是凝胶、碳化作用下生成晶体结构，使石灰改良土的强度和稳定性得到大大提高。

3.6.2 水泥改良机理

水泥改良土的反应原理较复杂,主要是通过一系列的物理、化学反应来实现水泥改良土的过程。硅酸盐水泥是由 CaO、SiO_2、Al_2O_3 等矿物原料组成的水硬性胶凝材料,在土中掺入一定比例的硅酸盐水泥,物理反应即是在掺入水泥后拌和均匀,使水泥与土充分接触,达到密实状态;经过一段时间在适当的温度和湿度下进行养护,水泥与土颗粒产生化学反应,逐渐硬化后形成水泥土。水泥土的固化机理主要包括水泥的水化和凝结硬化作用以及水泥与土之间的相互作用。水泥与土中的水发生化学反应,各个组分开始溶解并发生一系列反应生成具有黏结能力的浆体,并凝结硬化具有一定强度的胶凝材料,胶凝材料包裹土体,在水泥土中形成水泥骨架,使水泥土的强度得到提升。水泥的改良优点有:使用范围广、改良强度高,在工程中得到了普遍应用。对于水泥改良土,国内外已有很多研究,作用机理包括以下几个方面。

3.6.2.1 离子交换与团粒化作用

水泥掺入土中,发生水化反应,生成氢氧化钙,并伴随着 Ca^{2+}、OH^- 离子析出,土颗粒中微小的黏土矿物吸附于颗粒较大的 SiO_2 表面,形成板状晶体,且表面带有 K^+、Na^+ 离子,水泥土中的 Ca^{2+} 离子与 K^+、Na^+ 离子发生吸附交换作用,使土颗粒的双电层厚度薄膜变薄,土粒空隙减小,土更加紧密,形成更大的土团。

3.6.2.2 凝胶反应

水泥与土中的水发生反应,产生凝胶物质,包裹土颗粒,使土逐渐硬化,提高了土的强度。随着水泥水化反应的进行,产生更多的 Ca^{2+},当 Ca^{2+} 数量超过了离子交换作用的需求后,Ca^{2+} 开始与红土砾石中的 Fe_2O_3、SiO_2、Al_2O_3 发生化学反应,生成稳定的结晶化合物。由于硬凝反应的产物结构致密,水分不易侵入,因此具有很好的水稳定性。

3.6.2.3 碳化作用

与石灰改良土类似,水泥水化生成的氢氧化钙,与空气的二氧化碳发生反应,生成碳酸钙,使土颗粒联结成一体,提高了水泥土的强度,由于反应时间长,随着龄期的增长,水泥土的强度升高。

综上所述,水泥土的作用机理与石灰土改良机理类似,都是与土中水发生水化作用,产生氢氧化钙,通过一系列的物理化学反应使土颗粒通过团粒化作用生成更大的团粒,水泥在土中的凝胶反应使团粒联结包裹起来,增强了改良土的强度与水稳定性。

3.7 石灰改良红土砾石强度特性

3.7.1 石灰土破坏形态分析

分别对石灰掺量2%、4%、6%、8%的改良红土砾石进行三轴压缩试验,试验方法为固结不排水。首先对试样施加恒定围压(围压分别为100 kPa、200 kPa、300 kPa、400 kPa),待试样固结至规范要求后结束固结,然后对试样进行剪切,剪切时采取恒定速率,速率为0.01 mm/min。图3.11为三轴压缩试验破坏的试件照片。

(a)石灰含量2%

(b)石灰含量4%

图3.11 三轴压缩后石灰土试样

◎ 第3章　改良红土砾石强度特性试验研究

（c）石灰含量6%　　　　　　　　（d）石灰含量8%

图3.11（续）

从图中可看到16个试样在剪切过程中均出现了明显的斜向破坏面，其中石灰掺量为6%、8%的试件尤为明显，试样破裂面或剪切带延伸至土样端部与透水石相交。破裂面与试件轴线夹角约为45°，根据应力理论可知，该方向为最大切应力作用方向，即试件发生剪切破坏。由图3.11还可以看到，随着掺灰量的增加剪切越来越完整。

3.7.2　石灰土应力－应变曲线分析

通过电脑系统采集并处理数据后得到石灰土的偏应力－应变曲线，如图3.12所示。

分析石灰土的偏应力－应变曲线分析可知：当石灰的掺量仅为2%时，偏应力并未有较大增加，甚至不及未改良的红土砾石；随着石灰掺量的增加，偏应力逐渐增加，当石灰掺量达到4%时，石灰土的抗剪强度增加幅度最为明显，在相同围压条件下（围压400 kPa），2%掺量的石灰土最大偏应力为150 kPa左右，而4%掺量的石灰土最大偏应力达到了1 000 kPa，强度增大了5.7倍。石灰改良土在四种不同的围压条件下，均出现了明显的峰值应力点，在达到峰值点之前，曲线急剧上升，在超过峰值应力点后，土的强度随着应变的增加而减小，且降低的幅度也逐渐减小，最后趋于稳定值。由偏应力－应变曲线图可知四组试样均呈现应变软化的特性。

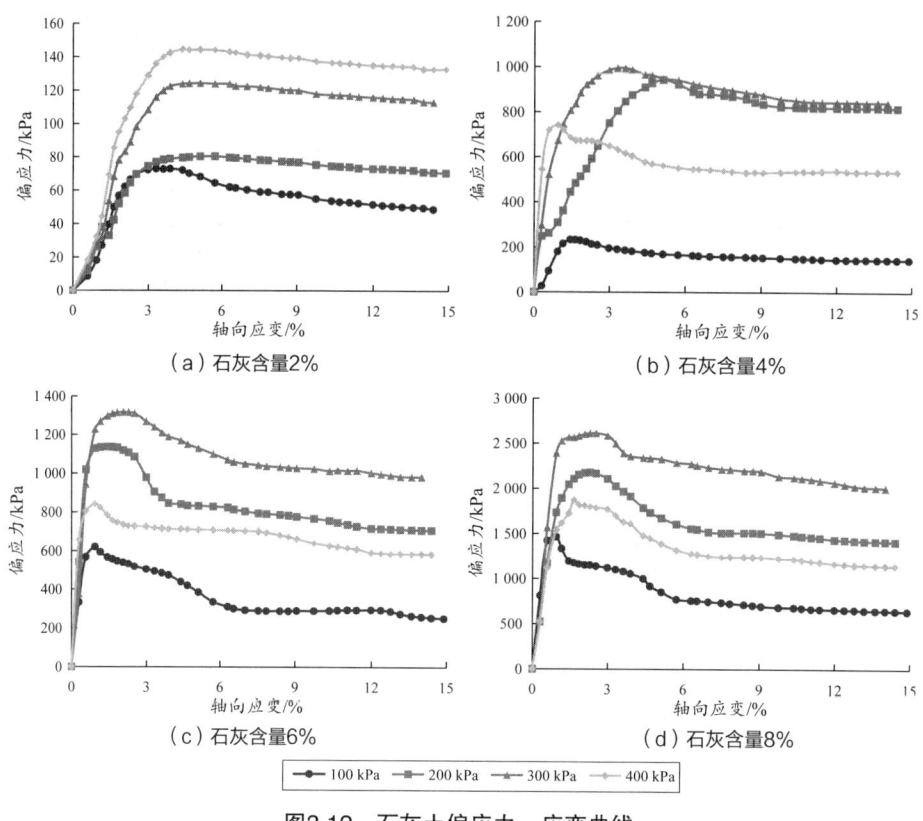

图3.12 石灰土偏应力-应变曲线

石灰土的偏应力-应变曲线大致可以分为四个阶段：第一阶段，在试样受压初始阶段，随着轴向压力的不断增大，试样的偏应力-应变曲线呈现出近似线性的关系；第二阶段，随着轴向压力的不断增大，试样应力逐渐接近峰值时曲线偏离直线，进一步增大应变，偏应力达到峰值；第三阶段，当试样应力达到峰值后，随着轴向应变增大，主应力逐渐减小，此阶段即为应力衰减阶段，也就是试样破坏后阶段，此时的试样呈现应变软化的特性，并且在较小的轴向应变范围内出现较大的应力减小，应力衰减迅速；第四阶段，随着轴向应变增加，应力持续衰减，但衰减幅度不断减小，最后逐渐趋于稳定，此阶段即为残余强度阶段。

3.7.3 石灰土的强度变化规律

引入掺灰效果系数 η 来分析不同石灰掺量对改良红土砾石强度的影响：

$$\eta = \frac{(\sigma_1 - \sigma_3)_r}{(\sigma_1 - \sigma_3)_s} \quad (3.2)$$

式中 $(\sigma_1-\sigma_3)_r$——围压为 σ_3、轴向应变为 ε_1 时掺灰试样的偏应力；

$(\sigma_1-\sigma_3)_s$——应围压为 σ_3、轴向应变为 ε_1 时素土试样的偏应力。

按式（3.2）计算出不同掺灰量各轴向应变下的效果系数 η，并以 η 为纵坐标、ε_1 为横坐标，绘制出不同石灰掺量试样的掺灰效果系数与轴向应变的关系曲线 $\eta\text{-}\varepsilon_1$。当轴向应变为零时，相对应的偏应力也为零，式（3.2）不能进行计算。因此，以试验获得的第一组数据作为分析的初始值或 ε_1 为零时的掺灰效果系数的近似值，曲线图如3.13所示。

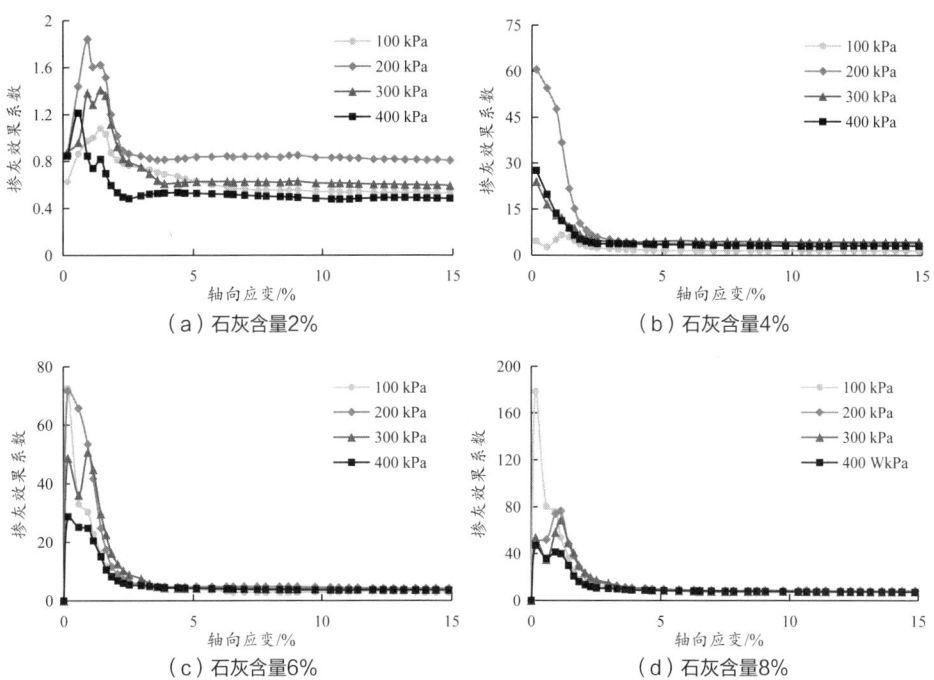

图3.13 石灰土掺灰效果系数与轴向应变关系曲线

由图3.13可得：当石灰掺量为2%时，掺灰效果系数 η 随着轴向应变 ε_1 的增加而增大，随后减小并逐渐趋于一常值，表明随着轴向应变的增加，石灰改良土的作用逐渐得到发挥，并且峰值都大于1，说明掺灰后土体的强度提高了；石灰掺量为4%、6%、8%时，当轴向应变刚开始增加幅度很小时，掺灰效果系数变化很大，变化急剧，随后逐渐减小，最后趋于常值。

根据 η-ε_1 曲线的形态，可以将掺灰效果的发展过程分为两个阶段：强化阶段与衰减阶段。试验刚开始时，轴向应变 ε_1 较小，η 值变化很大，曲线变化急剧，石灰土强度特性关系处于调整阶段；随着轴向应变 ε_1 的增加，曲线呈逐渐减小的趋势，最后趋于稳定值。仔细观察可知，曲线还因掺灰含量、围压条件的不同而有不同的形态。在低围压的条件下，当石灰掺量为2%、4%时，曲线表现为快速上升而后又下降形态，石灰掺量为6%、8%时，曲线呈快速上升后又急速下降；而在高围压的条件下，无论石灰掺量为多少，曲线都表现为急剧上升之后接着急速下降最后趋于常数。分析可得，在低围压的条件下，当石灰掺量逐渐增加时，随着应变的变大强度也随之逐渐增加，随后达到峰值，试样开始逐渐破坏，强度开始减小最后趋于稳定值。而在高围压条件下，土颗粒之间空隙大大减小，颗粒之间更加密实，故在应变很小时，土体强度就达到了峰值。

3.7.4 石灰土力学参数分析

本次试验中石灰土的偏应力-应变曲线均产生了明显的峰值，因此可以最大偏应力为破坏准则研究石灰改良红土砾石的力学参数。根据室内三轴试验，整理数据得到不同石灰掺量下石灰改良红土砾石的抗剪强度峰值，如表3.2所示。

由表3.1中的数据分析可知：①当围压相同，石灰含量不同时，试样的抗剪强度峰值随着石灰含量的增多而增大，且当石灰掺量大于4%时，抗剪强度峰值增加幅度最为明显；②当石灰含量相同而围压不同时，试样的抗剪强度峰值随着围压的增大而增加，这是因为当围压不断增加时，土颗粒之间联结性较高，咬合密实，从而大大提高了土体的强度。

表3.2 不同石灰掺量下红土砾石的抗剪强度峰值　　　单位：kPa

围压	掺量			
	2%	4%	6%	8%
100 kPa	73	380.7	621.5	1 466.3
200 kPa	120	630.5	842.4	1 875
300 kPa	144.4	843.5	1 137.5	2 178.5
400 kPa	182.4	994.9	1 318.3	2 611.8

以$[(\sigma_1+\sigma_3)/2, 0]$为圆心，$(\sigma_1-\sigma_3)/2$为半径画出不同围压下的摩尔应力圆，并绘制出抗剪强度包络线，如图3.14所示。

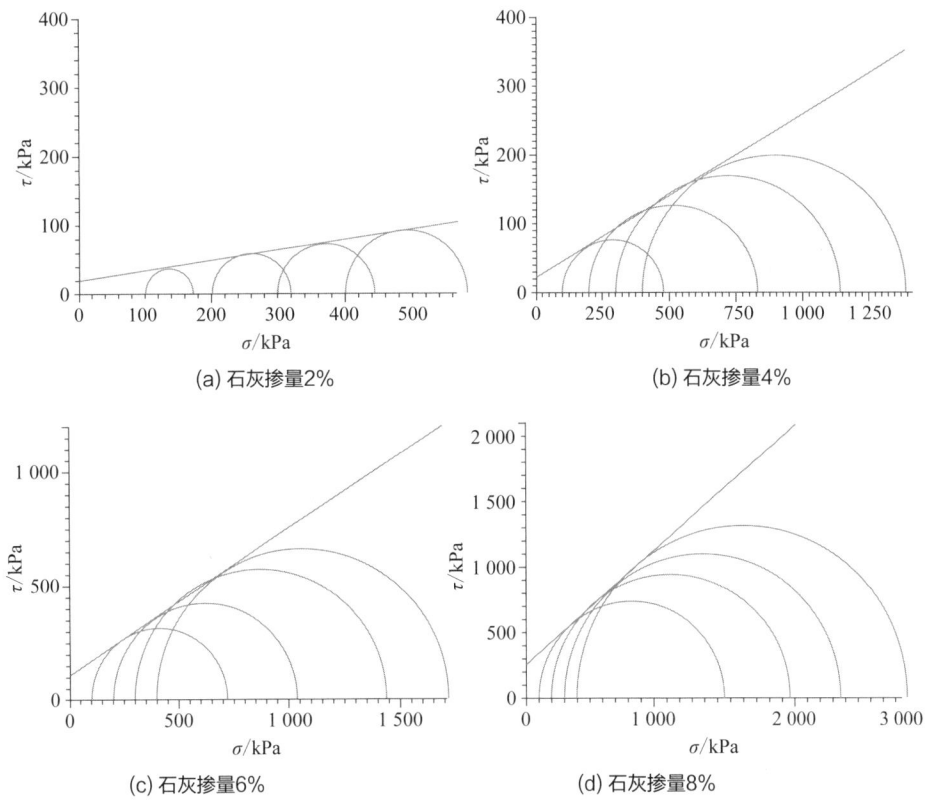

图3.14 石灰土强度包络线

根据石灰土的强度包络线，当石灰掺量不同时石灰改良红土砾石的强度参数黏聚力 c 与内摩擦角 φ 值如表3.3所示。

表3.3 石灰土的强度参数

石灰掺量/%	黏聚力 c/kPa	内摩擦角 φ/(°)
2	17.89	8.64
4	55.80	30.55
6	103.40	33.02
8	251.29	40.71

由表3.3可绘制出不同石灰掺量的石灰改良土的强度参数曲线如图3.15所示。

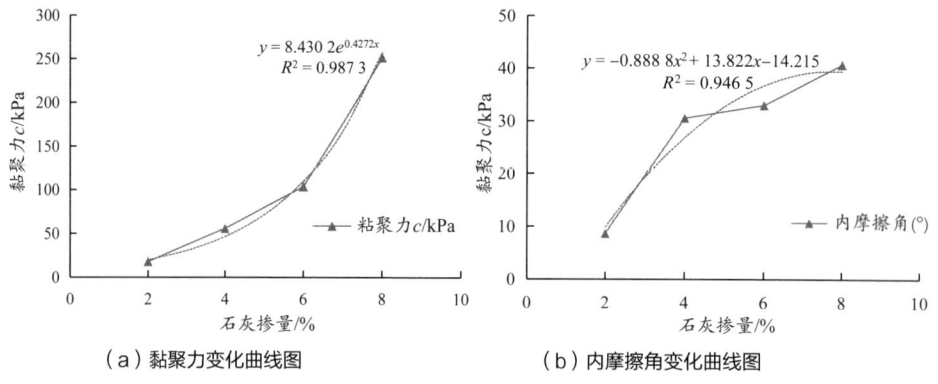

（a）黏聚力变化曲线图　　　　（b）内摩擦角变化曲线图

图3.15 不同掺量的石灰土强度参数曲线图

根据不同掺量下石灰土的黏聚力 c 的变化曲线图和内摩擦角的变化曲线图分析可得知：2%、4%、6%、8%的石灰改良土分别在试验设置的不同围压的条件下黏聚力 c 随着石灰掺量的增大而明显增大，石灰掺量在小于6%时，黏聚力 c 呈线性增大并且增长幅度保持不变，而当石灰掺量大于6%时，黏聚力 c 增长速度大幅增加。内摩擦角 φ 同样随着石灰掺量增加而增大，而当掺量大于4%时，增长速度较缓。当石灰掺量过多时，可能会出现过多的石灰并未与土发生反应，在土的空隙中以灰的形式存在，多余的灰不仅会导致土的强度降低,并且对黏聚力与内摩擦角都会产生负面作用。因此综合抗剪强度、黏聚力、内摩擦角等多方面因素分析认为:石灰掺量为4%~6%为较为适宜的改良方案。

3.8 水泥改良红土砾石强度特性

3.8.1 水泥土破坏形态分析

分别对水泥掺量2%、4%、6%、8%的改良红土砾石进行三轴压缩试验。试验方法为固结不排水方式。首先对试样施加恒定围压(围压分别为100 kPa、200 kPa、300 kPa、400 kPa),待试样固结至规范要求后结束固结,然后对试样进行剪切,剪切时采取恒定速率,速率为0.01 mm/min。

图3.16为不同水泥掺量改良红土砾石三轴压缩试验后的试样照片。从试样后的破坏形态可知,水泥含量为2%的试样没有出现明显的剪切破坏面,可以看出在100 kPa围压条件下的2%水泥土试样下部往外鼓起,说明剪切过程中发生剪胀,表现为鼓状破坏。而水泥含量为4%、6%、8%的试样在剪切过程中均出现了明显的剪切破坏面,并且随着掺量的增加,破坏面越来越明显。

(a)水泥含量2%

(b)水泥含量4%

图3.16 三轴压缩后水泥土试样

(c)水泥含量6%

(d)水泥含量8%

图3.16（续）

3.8.2 水泥土应力－应变曲线分析

根据试验，采集并处理相关数据得到石灰土的应力－应变曲线如图3.17所示。

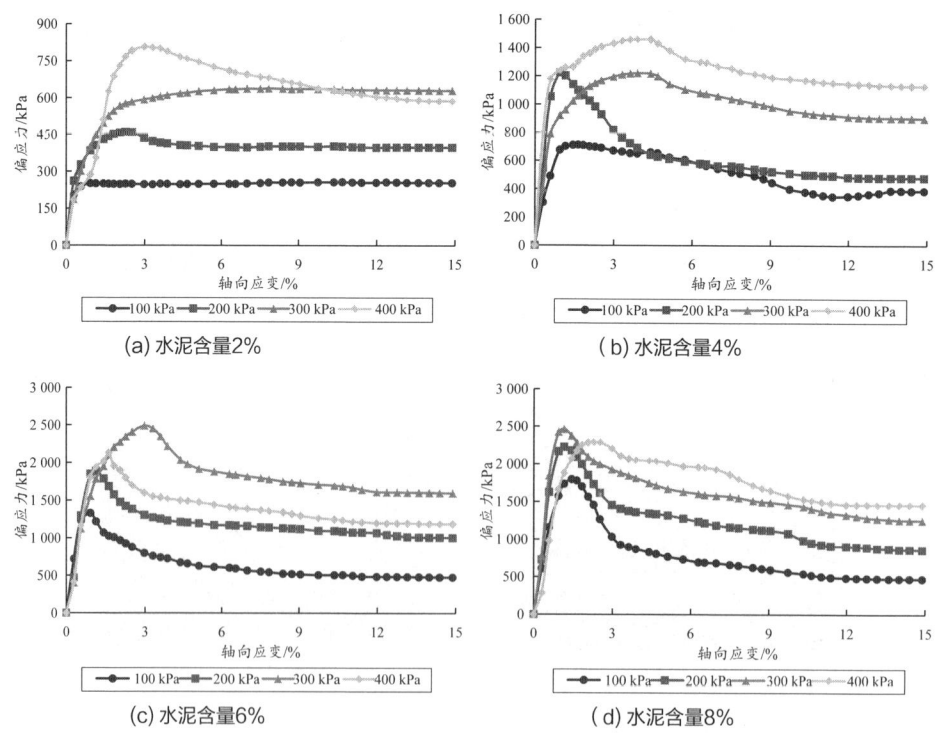

图3.17 水泥土应力－应变曲线

由水泥改良前后土样的应力-应变曲线和破坏后试料的照片可知：当水泥掺量为2%，围压为100 kPa时，水泥土样与未改良的红土砾石破坏模式相似，为鼓状破坏方式，呈现应变硬化特性；随着水泥的掺量不断增加，当水泥掺量为4%、6%、8%时，曲线中均出现明显的剪切峰值应力点，为脆性破坏方式，均出现明显的破坏面，呈现出应变软化特性。

由图3.17(b)、(c)、(d)可知水泥改良红土砾石的应力-应变曲线大致可以分为以下四个阶段：

第一阶段：经过充分固结后，在试样受压初始阶段，随着轴向压力的不断增加，水泥土的应力-应变曲线呈现出近似线性的关系，应力不断增大，水泥土为硬化状态。

第二阶段：轴向应变继续增加，水泥土应力逐渐接近峰值，在接近峰值时，曲线偏离直线，进一步增大轴向应变，偏应力达到峰值。

第三阶段：当试样应力达到峰值，随着轴向应变的增加，主应力出现衰减，此阶段即为应力衰减阶段，也称破坏后阶段，此时水泥土软化，并且在较短的应变下出现较大的应力衰减。

第四阶段：在经历了衰减阶段后，试件已经出现了明显的塑性变形，剪切面已经明显表露，此时随着轴向应变的增加，应力不会大幅减小了，随着应变的增大其衰减幅度也相应减小，最后逐渐趋于稳定，此时所对应的应力即为残余应力。

从曲线图中还可以得知，同一水泥掺量的试样随着围压的增大，其剪切应力峰值也会增大；在相同的围压条件下，不同水泥掺量的剪切峰值随着水泥含量的增加而增大。

3.8.3 水泥土强度变化规律

同样按式（3.2）计算出不同掺灰量各轴向应变下的效果系数η，并以η为纵坐标、ε_1为横坐标，绘制出不同水泥掺量试样的掺灰效果系数与轴向应变的

关系曲线 $\eta\text{-}\varepsilon_1$，如图3.18所示。当轴向应变为零时，相对应的偏应力也为零，式（3.2）不能进行计算。因此，以试验获得的第一组数据作为分析的初始值或 ε_1 为零时的掺灰效果系数 η 的近似值。

由图3.18可得，不同掺量和不同围岩条件下，掺灰效果系数曲线的具体形状虽有不同，但总体形态基本相同：在加载初期，掺灰效果系数很大，且随水泥掺量的增加而增大，随着加载过程的进行，掺灰效果系数减小并逐渐趋于一常值，但始终大于1。

根据 $\eta\text{-}\varepsilon_1$ 曲线的形态，也可以将水泥掺灰效果的发展过程分为两个阶段：强化阶段与衰减阶段。试验刚开始时，轴向应变 ε_1 较小，η 值变化很大，效果

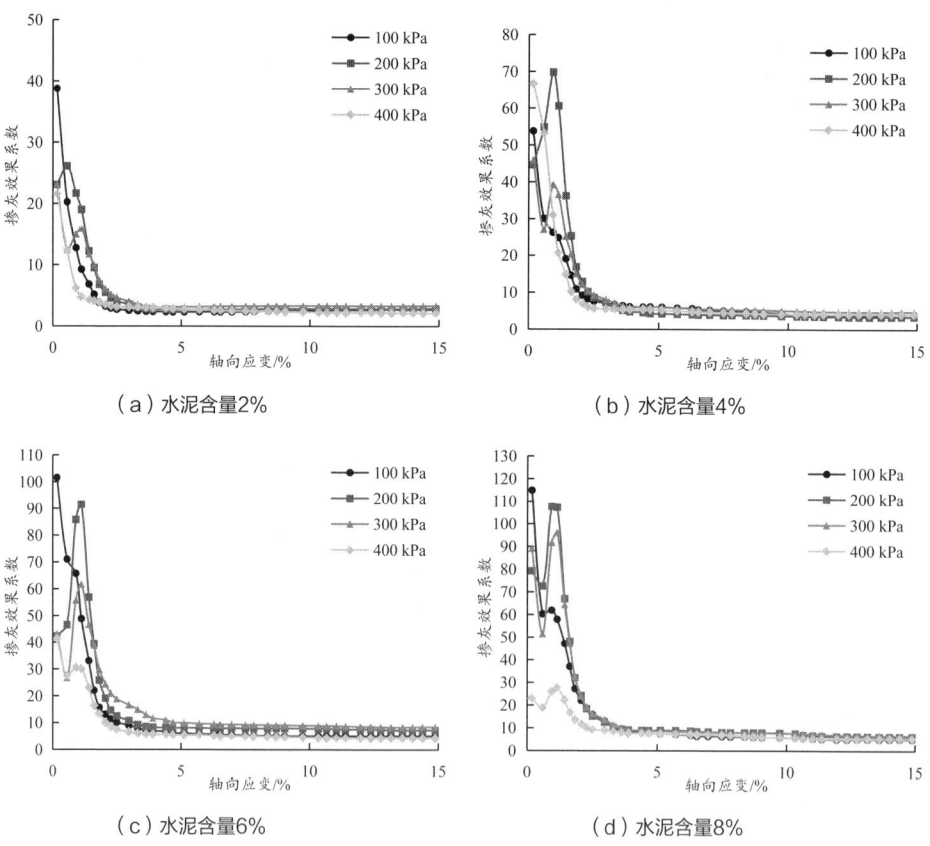

图3.18 石灰土掺灰效果系数与轴向应变关系曲线

系数变化急剧,石灰土强度特性关系处于调整阶段;随着轴向应变 ε_1 的增加,效果系数呈逐渐减小的趋势,最后趋于稳定值。仔细观察可知,曲线还因掺灰含量、围压条件的不同而有不同的形态。当围压为100 kPa时,四种掺量的掺灰效果系数均表现为随轴向应变的增加而减小,曲线的波动变化较小;而当围压增大后,大部分试样的曲线在轴向应变为0%~3%的范围内出现了增大又减小的波动现象。分析可得,在低围压的条件下,当水泥掺量逐渐增加时,随着应变的变大强度也随之逐渐增加,随后达到峰值,试样开始逐渐破坏,强度开始减小,最后趋于稳定值。而在高围压条件下,土颗粒之间空隙大大减小,颗粒之间更加密实,故在应变很小时,土体强度就达到峰值。

3.8.4 水泥土力学参数分析

通过水泥改良土的偏应力-应变曲线可以得知,各掺量的水泥土都出现明显的抗剪强度峰值,可由破坏时的偏应力研究水泥土的强度参数。根据室内三轴试验,整理得到不同水泥掺入量的土样抗剪强度峰值,如表3.4所示。分析可知:当水泥掺量相同时,四组试样的抗剪强度峰值随着围压的增加而增大;而在相同围压条件下,随着水泥掺量的增加抗剪强度峰值相应地增加,特别是当水泥掺量由4%增大到6%时,抗剪强度增加的幅度最大;仅从抗剪强度的角度考虑,6%水泥掺量为最佳改良掺量。

表3.4 不同水泥掺量下红土砾石的抗剪强度峰值　　单位:kPa

围压	掺量			
	2%	4%	6%	8%
100 kPa	257.3	711.5	1 329.3	1 797.5
200 kPa	460.6	912.7	1 887.3	2 225.3
300 kPa	638.3	1 220.5	2 132.2	2 290
400 kPa	807	1460	2 488.7	2 462.2

以 $[(\sigma_1+\sigma_3)/2, 0]$ 为圆心，$(\sigma_1-\sigma_3)/2$ 为半径画出不同围压下的摩尔应力圆，并绘制出抗剪强度包络线，如图3.19所示。

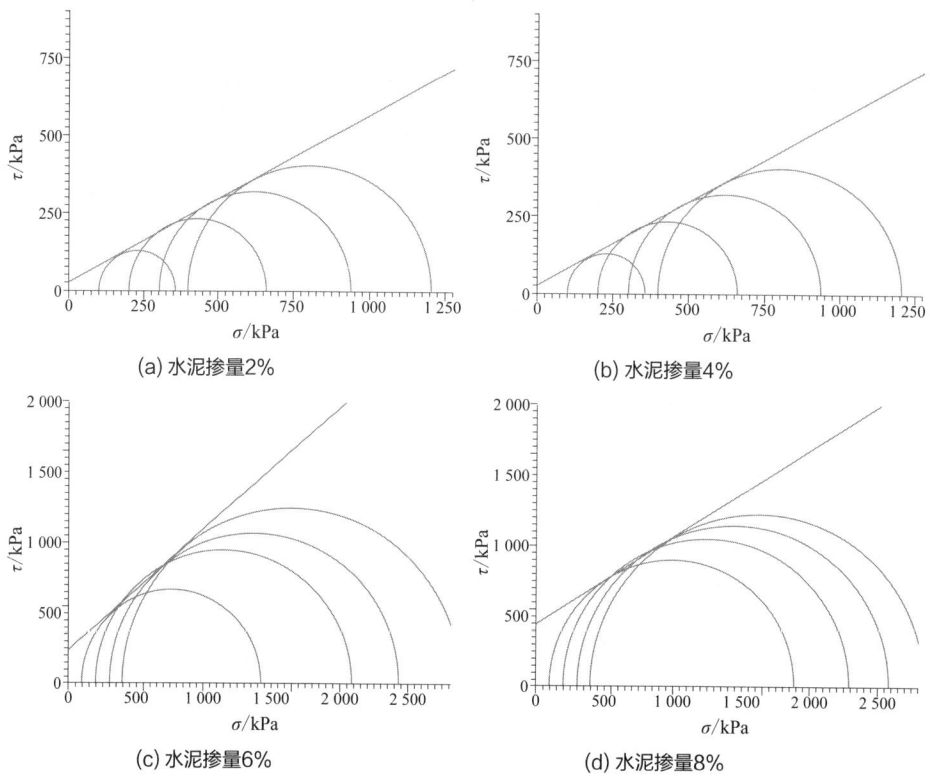

图3.19 水泥土强度包络线

由水泥土摩尔强度包络线得到不同水泥掺量的红土砾石重塑试样的黏聚力 c 和内摩擦角 φ，如表3.5所示。

表3.5 水泥土的强度参数

水泥掺量 /%	黏聚力 c/kPa	内摩擦角 φ/(°)
2	24.88	28.53
4	115.45	34.16
6	231.16	40.89
8	449.77	31.64

为便于直观地分析黏聚力和内摩擦角与水泥掺量的关系，由表3.5可绘制出水泥改良土的强度参数与水泥掺量的关系曲线，如图3.20所示。由分析可知：不同围压条件下水泥改良红土砾石的黏聚力c随水泥掺量的增加而增大，当水泥掺量从6%增加到8%时，黏聚力c增加的幅度最大；而内摩擦角φ在水泥掺量为2%、4%、6%时，随着水泥的增加而增大，基本上呈线性关系，而当水泥掺量大于6%时，内摩擦角φ出现减小。综合抗剪强度、黏聚力c与内摩擦角φ多方面因素可以得出，水泥掺量为6%时，改良效果最为理想。

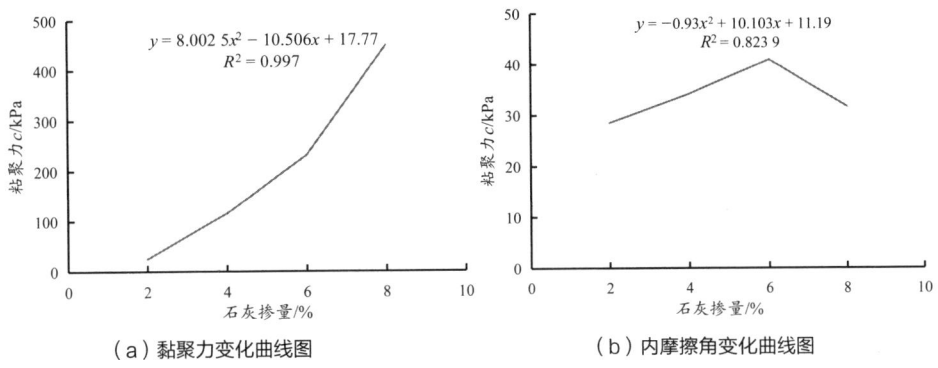

（a）黏聚力变化曲线图　　　　　　（b）内摩擦角变化曲线图

图3.20　不同掺量的水泥土强度参数曲线图

3.9　本章小结

本章通过对刚果盆地红土砾石进行三轴压缩试验（CU试验）得出了红土砾石在不同的围压条件下（100 kPa、200 kPa、300 kPa、400 kPa）的抗剪强度。主要结论有：

（1）分析了石灰改良红土砾石与水泥改良红土砾石的强度形成机理。石灰改良土主要是通过石灰的水化反应，以及离子交换作用使土颗粒之间吸附力增强，减小了土颗粒之间的空隙，增大了密实度，从而提高了土的强度；水泥改良土的原理与石灰类似，都是通过一系列的物理化学反应，使土颗粒之间密实，增强了水泥土的强度与水稳定性。

（2）对素红土砾石进行了三轴压缩试验，获得了其应力-应变曲线，发现其破坏方式主要是鼓胀破坏，呈现应变硬化特性。

（3）以石灰、水泥为改良剂，对红土砾石进行改良，分别对其进行三轴压缩试验，得出其应力-应变曲线、摩尔应力圆。通过试验结果可得：当石灰掺量为2%与4%时，与未改良的红土砾石进行相比，改良效果并不是特别明显。当石灰掺量大于4%时，其应力-应变曲线呈现出明显的应变软化特性，有明显的剪切破裂面。综合其抗剪强度、力学参数得出石灰掺量为4%~6%较为合理。掺加水泥后，红土砾石的强度得到了大幅的提高。在不同围压条件下，水泥改良红土砾石试样有明显的剪切破裂面，表现出应变软化特性。综合分析表明当水泥掺量为6%时，改良效果最好。

第4章 稳定红土砾石沥青路面合理结构分析

4.1 路面设计指标与结构形式

4.1.1 路面设计指标

设计年限应根据经济、交通发展情况以及该公路在公路网中的地位，考虑环境和投资条件综合确定。各级公路的沥青路面设计年限及交通量按表4.1和表4.2中的要求设计。

表4.1 各级公路的沥青路面设计年限

公路等级	高速/一级公路	二级公路	三级公路	四级公路
设计年限/a	15	12	8	6

表4.2 交通量等级

交通等级	BZZ-100累计轴次（百万）	中型以上货车及大客车轴次
轻交通	<3	<600
中等交通	3~12	600~1 500
重交通	12~25	1 500~3 000
特重交通	>25	>3 000

土基回弹模量是表征土基强度的，也是路面结构设计的主要参数之一，影响路面整体结构强度和刚度的重要因素，能否选用切合实际的土基回弹模量直接关系到路面结构的安全性和经济性。在实际中，土基回弹模量的常用取值范围为30~70 MPa。测路基回弹模量时，应处于干燥或中湿状态，最低模量应达到30 MPa，中交通、特重交通公路土基回弹模量值应大于40 MPa。

何兆益等进行的动三轴试验研究表明，当级配碎石放置于刚度很大的半刚性层上时，表现出较大的回弹模量，可取350~550 MPa。任瑞博、张阳通过试验路以及振动压实法分别测得级配碎石的平均模量为400~900 MPa。何兆益等进一步通过室内外回弹模量试验，得出级配碎石抗压模量设计参数推荐值为：级配碎石作为过渡层时为550~650 MPa，作为基层时为400~550 MPa，作为底基层时为200~300 MPa。

综合以上，本书级配碎石抗压回弹模量取值为350 MPa~650 MPa。

4.1.2 典型路面结构形式

我国路面典型结构包括三种：半刚性基层沥青路面结构、具有级配碎石过渡层的半刚性基层沥青路面结构、柔性沥青路面结构。

半刚性材料具有板结性好、强度高、可就地取材等优点，被广泛应用于我国高等级公路中。随着交通荷载的不断增加和环境的影响，半刚性沥青路面出现了许多早期病害，导致路面寿命大大减少，维护费用不断增加。目前出现部分新型路面结构，典型的有采用级配碎石过渡层或沥青混合料的路面结构（倒装结构）、用沥青稳定碎石基层和级配碎石基层的组合式基层结构（混合式结构）。基层、底基层的控制指标主要有弯沉值和层底拉应力，对于半刚性材料基层、底基层控制指标以层底拉应力为主。

4.2 稳定红土砾石沥青道路设计方法

4.2.1 道路设计控制指标计算

选定三种典型结构进行设计参数性能分析，由前述分析知桂林红土砾石只能适用于中重、轻交通量的底基层材料铺筑。非洲红土砾石的强度要优于桂林红土砾石，其水稳性也要好，其抗压强度为2 MPa左右，满足中重、轻交通量基层材料的铺筑要求，抗压回弹模量取值范围大致与桂林红土砾石相同。

设计以中交通量路面进行结构设计计算：我国采用单轴双轮 BZZ-100 为标准，累计当量轴次 N_e 为 0.8×10^7（次/车道），设计年限 12 a。依托工程则采用 BZZ-130 为标准（法国道路设计规范）。

4.2.1.1 容许设计弯沉值（0.01 mm）按式（4.1）计算

$$l_d = 600 N_e^{-0.2} A_c A_s A_d \quad (4.1)$$

式中 A_c——公路等级系数，二级公路取1.1；

A_s——面层类型系数，热拌和冷拌沥青碎石、沥青贯入式路面取1.1；

A_d——路面结构类型系数，半刚性材料基层沥青路面取1.0，柔性基层沥青路面取1.6。

由式（4.1）可计算得半刚性基层沥青路面的容许设计弯沉值为30.22（0.01 mm），柔性基层沥青路面的容许设计弯沉值为48.35（0.01 mm）。

4.2.1.2 容许设计拉应力值按式（4.2）计算

$$\sigma_R = \sigma_S / K_S \quad (4.2)$$

式中 σ_S——沥青或半刚性材料的极限劈裂强度，MPa；

K_S——抗拉强度结构系数。

其中无机结合料的抗拉强度结构系数按式（4.3）计算：

$$K_S = 0.35 N_e^{0.11} / A_c \quad (4.3)$$

极限劈裂强度根据试验结果按式（4.4）求得：

$$\sigma_S = 0.006\,263 \frac{P}{h} \tag{4.4}$$

式中　　P——试件破坏时的最大压力，N；

　　　　h——浸水后试件高度，mm。

极限劈裂强度取试验值0.31 MPa。K_S为抗拉强度结构系数，计算值为1.83。基层、底基层抗拉应力容许值为0.17 MPa。

高速公路、一级公路、二级公路的路面结构，以路表面回弹弯沉值及沥青混凝土层的层底拉应力及半刚性材料层的层底拉应力为设计指标，实际值应小于容许值。

4.2.2　设计方法

采用BISAR 3.0路面计算软件进行路面结构计算时，通过正交试验选定稳定红土砾石用于每种路面典型结构的合理厚度参数。因为不考虑非面层设计参数对路面设计指标的影响，所以选定常用沥青面层总厚度为15 cm，由上、中、下三面层组成。基层是路面结构的主要承重层，其模量和厚度对基层的使用性能有着直接的关系，通常基层的寿命越长，路面的综合性能越好；底基层位于基层之下，分担基层的承重作用，可适当减少基层的厚度，其模量和厚度对路面的使用性能也有重要的影响。路面结构的最终作用是保护土基在车辆荷载作用下避免发生塌陷等破坏，土基强度也是影响路面使用性能的主要因素之一。

BISAR 3.0路面计算软件采用双圆均布垂直荷载作用下的弹性层状连续体系理论。我国路面结构设计以双轮单轴100 kN为标准轴载。各轮轮载为25 kN，轮胎压强为0.7 MPa，单轮轮迹当量圆半径r为10.65 cm，双轮中心间距为3r。法国路面结构设计采用双轮单轴载130 kN为标准轴载。各轮轮载为

32.5 kN，轮胎压强为0.9 MPa。当量圆的位置关系见图4.1。

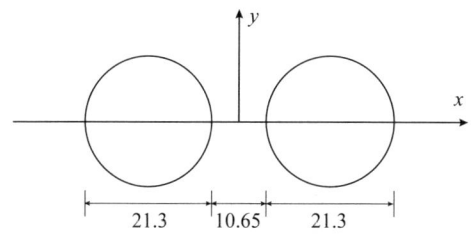

图4.1 双圆均布荷载平面位置图

计算五个关键点分别为 A 点（轮载中心位置计算弯沉值），B、C 点（基层层底拉应力计算位置），D、E 点（底基层层底拉应力计算位置），通过计算得出弯沉值和层底拉应力值两个设计指标。计算点位置见图4.2。

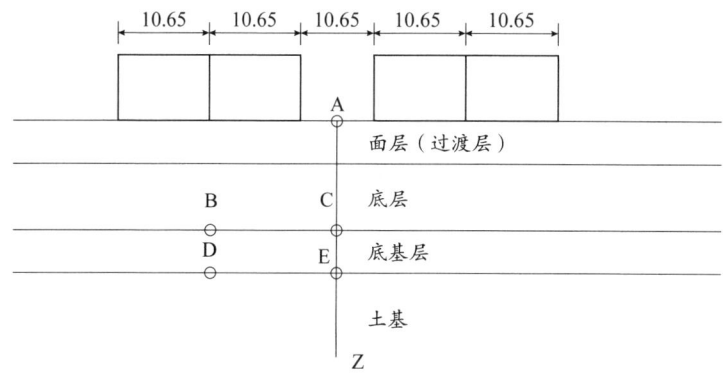

图4.2 计算点位置图

使用 BISAR 3.0软件具体步骤为，首先打开一个新建工程。

第一步进入荷载界面，选择当量圆荷载为2，输入相应的荷载及中心坐标，如图4.3所示。

第二步进入路面结构层界面，输入各结构层厚度和模量及泊松比。由于沥青路面结构设计采用弹性层状连续体系理论进行计算，所以在路面结构界面中还需选择路面结构层之间是否完全连续（图4.4）。

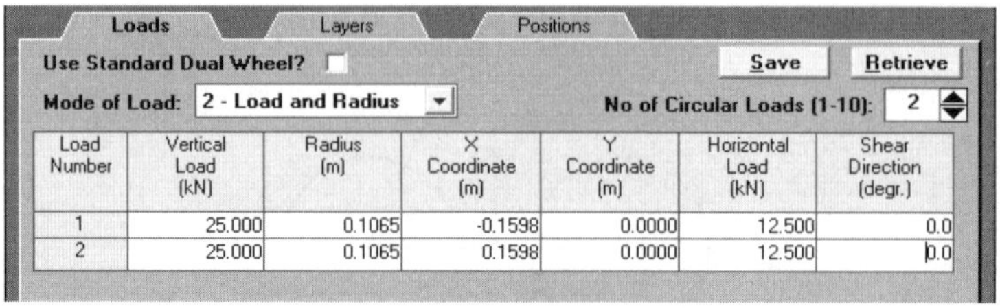

Load Number	Vertical Load (kN)	Radius (m)	X Coordinate (m)	Y Coordinate (m)	Horizontal Load (kN)	Shear Direction (degr.)
1	25.000	0.1065	-0.1598	0.0000	12.500	0.0
2	25.000	0.1065	0.1598	0.0000	12.500	0.0

图4.3　荷载基本参数输入界面

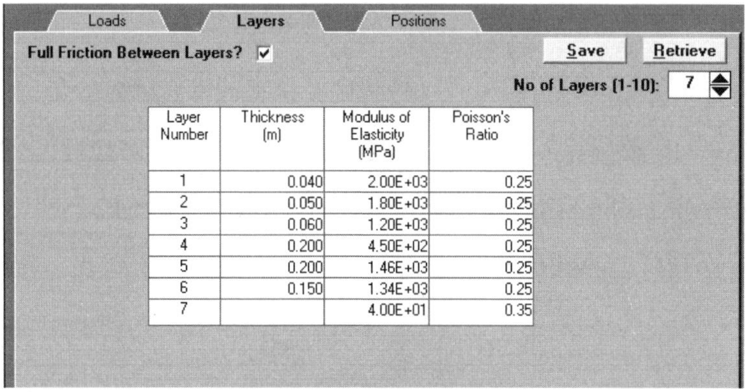

Layer Number	Thickness (m)	Modulus of Elasticity (MPa)	Poisson's Ratio
1	0.040	2.00E+03	0.25
2	0.050	1.80E+03	0.25
3	0.060	1.20E+03	0.25
4	0.200	4.50E+02	0.25
5	0.200	1.46E+03	0.25
6	0.150	1.34E+03	0.25
7		4.00E+01	0.35

图4.4　路面结构参数输入界面

第三步进入计算点层位界面，输入各点在层位的计算位置坐标（图4.5）。

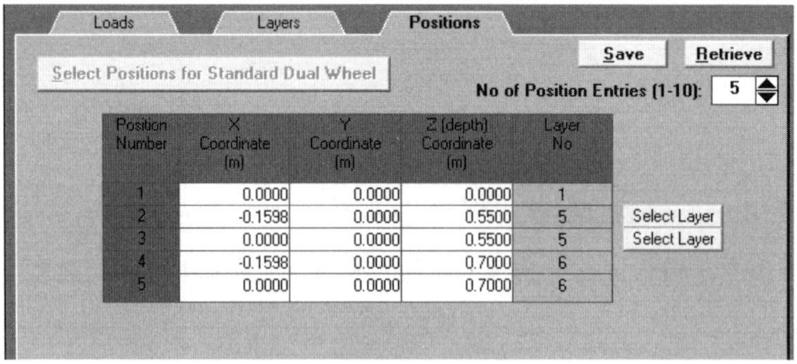

Position Number	X Coordinate (m)	Y Coordinate (m)	Z (depth) Coordinate (m)	Layer No
1	0.0000	0.0000	0.0000	1
2	-0.1598	0.0000	0.5500	5
3	0.0000	0.0000	0.5500	5
4	-0.1598	0.0000	0.7000	6
5	0.0000	0.0000	0.7000	6

图4.5　计算点层位输入界面

第四步进行计算，计算结果将以报告的形式呈现（图4.6）。A 点双轮中心处的竖向变形值，在报告中读取 Total Displacements UZ 的数值；其余各点的层底拉应力值在报告中读取 Total Stresses YY 的数值。

◎ 第4章 稳定红土砾石沥青路面合理结构分析

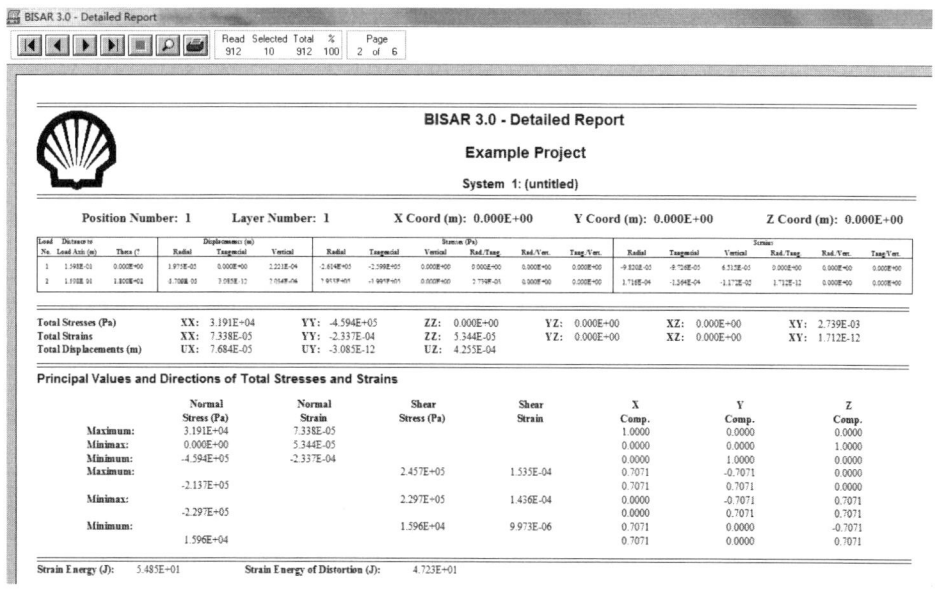

图4.6 计算详细报告入界面

4.3 依托工程路面结构分析

首先对刚果（布）基班古至多利吉段道路的路面结构设计方案进行分析，该道路结构层如图4.7所示。现场道路基层结构采用水泥稳定红土砾石作为材料；铺筑20 cm厚水泥级配碎石作为过渡夹层，它能有效防止裂缝反射，并且可以减少无机结合稳定红土砾石层层底的拉应力、竖向变形以及结构层总厚度；面层采用5 cm乳化沥青混凝土薄层。

级配碎石模量、（底）基层材料模量及厚度、土基模量均能对结构抗拉和抗压指标有影响，为了能够直观地分析各个因素的显著水平，使用BISAR 3.0结构计算软件结合正交设计方法（双轮单轴标准轮载按法国要求取130 kN），分析各个影响因素的显著性水平。水平、因素见表4.3。

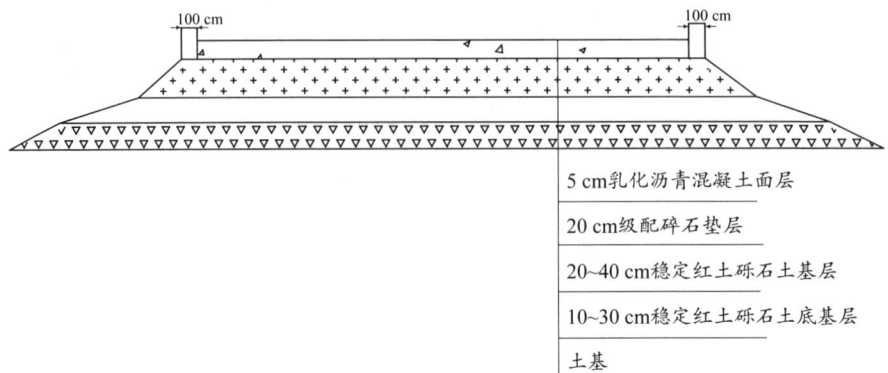

图4.7 级配碎石柔性结构道路横截面

表4.3 级配碎石柔性结构正交因素、水平表

水平	级配碎石模量/MPa	基层材料模量/MPa	底基层材料模量/MPa	土基模量/MPa	基层厚度/cm	底基层厚度/cm
1	350	600	500	30	20	10
2	450	1 030	780	40	25	15
3	550	1 460	1 060	50	30	20
4	600	1 890	1 340	60	35	25
5	650	2 320	1 620	70	40	30

$L_{25}(5^6)$ 正交试验表见表4.4。

表4.4 级配碎石柔性结构正交试验表

试验组	影响因素					
	级配碎石模量/MPa	基层材料模量/MPa	底基层材料模量/MPa	土基模量/MPa	基层厚度/cm	底基层厚度/cm
试验1	350	600	500	30	20	10
试验2	350	1 030	780	40	25	15
试验3	350	1 460	1 060	50	30	20
试验4	350	1 890	1 340	60	35	25
试验5	350	2 320	1 620	70	40	30

表4.4(续)

试验组	影响因素					
	级配碎石模量/MPa	基层材料模量/MPa	底基层材料模量/MPa	土基模量/MPa	基层厚度/cm	底基层厚度/cm
试验6	450	600	780	50	35	30
试验7	450	1 030	1 060	60	40	10
试验8	450	1 460	1 340	70	20	15
试验9	450	1 890	1 620	30	25	20
试验10	450	2 320	500	40	30	25
试验11	550	600	1 060	70	25	25
试验12	550	1 030	1 340	30	30	30
试验13	550	1 460	1 620	40	35	10
试验14	550	1 890	500	50	40	15
试验15	550	2 320	780	60	20	20
试验16	600	600	1 340	40	40	20
试验17	600	1 030	1 620	50	20	25
试验18	600	1 460	500	60	25	30
试验19	600	1 890	780	70	30	10
试验20	600	2 320	1 060	30	35	15
试验21	650	600	1 620	60	30	15
试验22	650	1 030	500	70	35	20
试验23	650	1 460	780	30	40	25
试验24	650	1 890	1 060	40	20	30
试验25	650	2320	1 340	50	25	10

按正交设计的安排将各工况的路面结构设计方案参数依次输入BISAR 3.0中进行计算。计算结果如表4.5所示。

表4.5 级配碎石柔性结构计算结果

试验组	各测点计算结果				
	A	B	C	D	E
	竖向变形/0.01 mm	基层层底拉应力/MPa	基层层底拉应力/MPa	底基层层底拉应力/MPa	底基层层底拉应力/MPa
试验 1	99.88	0.104 1	0.116 3	0.149 2	0.166 9
试验 2	70.64	0.081 2	0.090 7	0.128 6	0.142 5
试验 3	54.49	0.062 4	0.069 7	0.107 9	0.118 4
试验 4	44.4	0.049 1	0.054 8	0.09	0.097 8
试验 5	37.63	0.039 8	0.044 3	0.075 3	0.081 1
试验 6	52.04	0.009 5	0.010 4	0.000 09	0.000 14
试验 7	48.04	0.061	0.067 2	0.102 8	0.113 5
试验 8	48.61	0.062 7	0.071 6	0.161 3	0.181 8
试验 9	65.81	0.062 3	0.069 6	0.169 1	0.185 5
试验 10	56.2	0.160 8	0.180 9	0.055	0.059 6
试验 11	45.12	−0.000 24	−0.000 62	0.098 4	0.109
试验 12	58.37	0.010 6	0.011 7	0.110 6	0.12
试验 13	54.98	0.060 8	0.067 1	−0.000 5	−0.000 5
试验 14	46.13	0.124 8	0.138 5	0.045 4	0.049 7
试验 15	48.4	0.152 4	0.175 3	0.096 2	0.107 2
试验 16	54.83	0.007 7	0.007 6	0.109 7	0.119 3
试验 17	48.89	−0.000 1	−0.000 05	0.149 5	0.166
试验 18	45.02	0.095 5	0.11	0.051	0.056
试验 19	42.5	0.14	0.159	0.083	0.093
试验 20	59.24	0.133	0.147	0.103	0.112 5
试验 21	47.75	0.006 4	0.006 1	0.15	0.167
试验 22	41.16	0.064	0.073	0.047	0.052

表4.5（续）

试验组	各测点计算结果				
	A	B	C	D	E
	竖向变形/0.01 mm	基层层底拉应力/MPa	基层层底拉应力/MPa	底基层层底拉应力/MPa	底基层层底拉应力/MPa
试验23	55.14	0.067	0.074	0.068	0.073
试验24	52	0.065 3	0.076 4	0.106 7	0.117
试验25	51.06	0.161 3	0.181 8	0.155 6	0.174 6

级配碎石柔性结构的基层、底基层层底拉应力及路面弯沉计算结果如表4.6~表4.8所示。

表4.6 级配碎石柔性结构基层拉应力计算结果

试验号	级配碎石模量/MPa	基层模量/MPa	底基层模量/MPa	土基模量/MPa	基层厚度/cm	底基层厚度/cm	基层层底拉应力/MPa
1	350	600	500	30	20	10	0.110 2
2	350	1 030	780	40	25	15	0.086
3	350	1 460	1 060	50	30	20	0.066 1
4	350	1 890	1 340	60	35	25	0.052
5	350	2 320	1 620	70	40	30	0.054 4
6	450	600	780	50	35	30	0.01
7	450	1 030	1 060	60	40	10	0.064 1
8	450	1 460	1 340	70	20	15	0.067 2
9	450	1 890	1 620	30	25	20	0.066
10	450	2 320	500	40	30	25	0.171
11	550	600	1 060	70	25	25	−0.000 43
12	550	1 030	1 340	30	30	30	0.011 2
13	550	1 460	1 620	40	35	10	0.064
14	550	1 890	500	50	40	15	0.131 7

表4.6（续）

试验号	级配碎石模量/MPa	基层模量/MPa	底基层模量/MPa	土基模量/MPa	基层厚度/cm	底基层厚度/cm	基层层底拉应力/MPa
15	550	2 320	780	60	20	20	0.163 9
16	600	600	1 340	40	40	20	0.007 7
17	600	1 030	1 620	50	20	25	−0.000 3
18	600	1 460	500	60	25	30	0.102 8
19	600	1 890	780	70	30	10	0.149 5
20	600	2 320	1060	30	35	15	0.14
21	650	600	1620	60	30	15	0.006 3
22	650	1 030	500	70	35	20	0.069
23	650	1 460	780	30	40	25	0.071
24	650	1 890	1060	40	20	30	0.070 9
25	650	2 320	1340	50	25	10	0.171 6
K_1	0.368 7	0.133 7	0.584 7	0.398 4	0.411 9	0.559 4	
K_2	0.378 3	0.23	0.480 4	0.399 6	0.426	0.431 2	
K_3	0.370 4	0.371 1	0.340 7	0.379 1	0.404 1	0.372 7	
K_4	0.399 7	0.470 1	0.309 7	0.389 1	0.335	0.293 3	
K_5	0.388 8	0.547 1	0.190 4	0.339 7	0.328 9	0.249 3	
$K_1/5$	0.073 74	0.026 8	0.116 9	0.079 7	0.083 4	0.111 9	
$K_2/5$	0.075 66	0.046	0.096 1	0.079 9	0.085 2	0.086 2	
$K_3/5$	0.074 07	0.074 22	0.068 1	0.075 8	0.080 8	0.074 5	
$K_4/5$	0.079 94	0.094	0.061 9	0.077 8	0.067	0.058 7	
$K_5/5$	0.077 76	0.109 4	0.038 1	0.067 9	0.065 8	0.049 86	
ω	0.006 2	0.082 6	0.078 8	0.012	0.019 4	0.062	

注：1.负值表示压应力。2.表中的 K_i 表示某一因素的第 i 个水平考核指标的总和，$K_i/5$ 表示当某一因素的水平值 i 时的这一考核指标的平均值。3. ω 表示极差的绝对值大小，即为该因素水平指标均值的极差绝对值的最大值，这个极差值越大，说明这个因素的影响就越大。

表4.7 级配碎石柔性结构底基层拉应力计算结果

试验号	级配碎石模量/MPa	基层模量/MPa	底基层模量/MPa	土基模量/MPa	基层厚度/cm	底基层厚度/cm	基层层底拉应力/MPa
1	350	600	500	30	20	10	0.158 1
2	350	1 030	780	40	25	15	0.135 6
3	350	1 460	1 060	50	30	20	0.113 2
4	350	1 890	1 340	60	35	25	0.094
5	350	2 320	1 620	70	40	30	0.078 2
6	450	600	780	50	35	30	0.000 12
7	450	1 030	1 060	60	40	10	0.108 2
8	450	1 460	1 340	70	20	15	0.171 6
9	450	1 890	1 620	30	25	20	0.177 3
10	450	2 320	500	40	30	25	0.057 3
11	550	600	1 060	70	25	25	0.103 7
12	550	1 030	1 340	30	30	30	0.115 3
13	550	1 460	1 620	40	35	10	−0.000 5
14	550	1 890	500	50	40	15	0.047 6
15	550	2 320	780	60	20	20	0.101 7
16	600	600	1 340	40	40	20	0.114 5
17	600	1 030	1 620	50	20	25	0.157 8
18	600	1 460	500	60	25	30	0.053 5
19	600	1 890	780	70	30	10	0.088
20	600	2 320	1 060	30	35	15	0.107 8
21	650	600	1 620	60	30	15	0.158 5
22	650	1 030	500	70	35	20	0.049 5
23	650	1 460	780	30	40	25	0.070 5
24	650	1 890	1 060	40	20	30	0.111 9

表4.7（续）

试验号	级配碎石模量/MPa	基层模量/MPa	底基层模量/MPa	土基模量/MPa	基层厚度/cm	底基层厚度/cm	基层层底拉应力/MPa
25	650	2 320	1 340	50	25	10	0.165 1
K_1	0.579 1	0.534 9	0.366	0.629	0.701 1	0.518 9	
K_2	0.514 5	0.566 4	0.374 9	0.418 8	0.635 2	0.569	
K_3	0.367 8	0.408 3	0.544 8	0.483 8	0.532 3	0.556 2	
K_4	0.521 6	0.518 8	0.660 5	0.515 9	0.250 9	0.483 3	
K_5	0.555 5	0.510 1	0.571 3	0.491	0.419	0.359	
$K_1/5$	0.115 8	0.107	0.073 2	0.125 8	0.140 2	0.103 8	
$K_2/5$	0.102 9	0.113 3	0.075	0.083 8	0.127	0.113 8	
$K_3/5$	0.073 6	0.081 7	0.109	0.096 8	0.106 5	0.111 2	
$K_4/5$	0.104 3	0.103 8	0.132 1	0.103 2	0.050 2	0.096 7	
$K_5/5$	0.111 1	0.102	0.114 3	0.098 2	0.083 8	0.071 8	
ω	0.042 2	0.031 6	0.058 9	0.042	0.09	0.042	

表4.8 级配碎石柔性结构路表弯沉计算结果

试验号	级配碎石模量/MPa	基层模量/MPa	底基层模量/MPa	土基模量/MPa	基层厚度/cm	底基层厚度/cm	路表弯沉/0.01 mm
1	350	600	500	30	20	10	99.88
2	350	1 030	780	40	25	15	70.64
3	350	1 460	1 060	50	30	20	54.49
4	350	1 890	1 340	60	35	25	44.4
5	350	2 320	1 620	70	40	30	37.63
6	450	600	780	50	35	30	52.04
7	450	1 030	1 060	60	40	10	48.04
8	450	1 460	1 340	70	20	15	48.61
9	450	1 890	1 620	30	25	20	65.81
10	450	2 320	500	40	30	25	56.2

表4.8（续）

试验号	级配碎石模量/MPa	基层模量/MPa	底基层模量/MPa	土基模量/MPa	基层厚度/cm	底基层厚度/cm	路表弯沉/0.01 mm
11	550	600	1 060	70	25	25	45.12
12	550	1 030	1 340	30	30	30	58.37
13	550	1 460	1 620	40	35	10	54.98
14	550	1 890	500	50	40	15	46.13
15	550	2 320	780	60	20	20	48.4
16	600	600	1 340	40	40	20	54.83
17	600	1 030	1 620	50	20	25	48.89
18	600	1 460	500	60	25	30	45.02
19	600	1 890	780	70	30	10	42.5
20	600	2 320	1 060	30	35	15	59.24
21	650	600	1 620	60	30	15	47.75
22	650	1 030	500	70	35	20	41.16
23	650	1 460	780	30	40	25	55.14
24	650	1 890	1 060	40	20	30	52
25	650	2 320	1 340	50	25	10	51.06
K_1	307.04	298.62	288.39	338.44	297.78	279.41	
K_2	270.7	267.1	268.72	287.65	277.65	272.37	
K_3	253	244.26	258.89	252.61	259.31	263.69	
K_4	249.48	250.84	256.27	233.61	251.82	249.75	
K_5	247.11	252.53	255.06	215.02	240.77	245.06	
$K_1/5$	61.41	59.72	57.68	67.69	59.56	55.88	
$K_2/5$	54.14	53.42	53.74	57.53	55.53	54.47	
$K_3/5$	50.6	48.85	51.79	50.52	51.86	52.74	
$K_4/5$	49.9	50.17	51.25	46.72	50.36	49.95	
$K_5/5$	49.42	50.51	51.01	43	48.15	49.01	
ω	11.99	10.87	6.67	24.69	11.41	6.87	

影响基层层底拉应力的因素大小顺序为：基层模量＞底基层模量＞底基层厚度＞基层厚度＞土基模量＞级配碎石模量。

影响底基层层底拉应力的因素大小顺序为：基层厚度＞底基层模量＞级配碎石模量＞土基模量＝底基层厚度＞基层模量。

影响路表弯沉的因素大小顺序为：土基模量＞级配碎石模量＞基层厚度＞基层模量＞底基层厚度＞底基层模量。

路面结构以路表回弹弯沉值和层底拉应力为设计指标，依托工程为柔性结构道路。设计路表弯沉值不允许大于48.35（0.01 mm）；基层及底基层层底抗拉应力不得高于0.17 MPa。从表4.5中得出，试验4、5、7、11、14、18、19、21、22均满足要求。通过表4.6~4.8分析得出各层影响因素的大小，可知基层厚度对底基层层底拉应力的影响最大，从满足要求的试验组中得出最佳基层厚度为40 cm；土基模量对路表弯沉值的影响最大，从满足要求的试验组中得出土基模量应满足70 MPa；对于基层层底拉应力的影响最大的因素为基层模量，试验中得出仅得出基层模量为600 MPa时的试验组，为了探究基层模量大小对基层层底拉应力的影响，结合上述最佳基层厚度以及土基模量的取值，采用控制变量法来计算最佳合理结构，见表4.9和表4.10。

表4.9 级配碎石柔性结构计算数据

试验组	影响因素					
	级配碎石模量/MPa	基层材料模量/MPa	底基层材料模量/MPa	土基模量/MPa	基层厚度/cm	底基层厚度/cm
试验 1	550	600	1 060	70	40	25
试验 2	550	1 030	1 060	70	40	25
试验 3	550	1 460	1 060	70	40	25
试验 4	550	1 890	1 060	70	40	25
试验 5	550	2 320	1 060	70	40	25

◎ 第4章 稳定红土砾石沥青路面合理结构分析

表4.10 级配碎石柔性结构计算结果

试验组	各测点计算结果					
	A	B	C	D	E
	竖向变形/0.01 mm	基层层底拉应力/MPa	基层层底拉应力/MPa	底基层层底拉应力/MPa	底基层层底拉应力/MPa
试验1	41.78	0.004 4	0.004 4	0.072 3	0.078 7
试验2	38.05	0.022 9	0.025 3	0.068 3	0.074 5
试验3	36.22	0.040 5	0.045 2	0.065 1	0.071
试验4	35.06	0.056 9	0.063 5	0.062 5	0.068
试验5	34.22	0.072	0.080 5	0.060 1	0.065 3

根据计算结果绘制散点曲线,见图4.8。

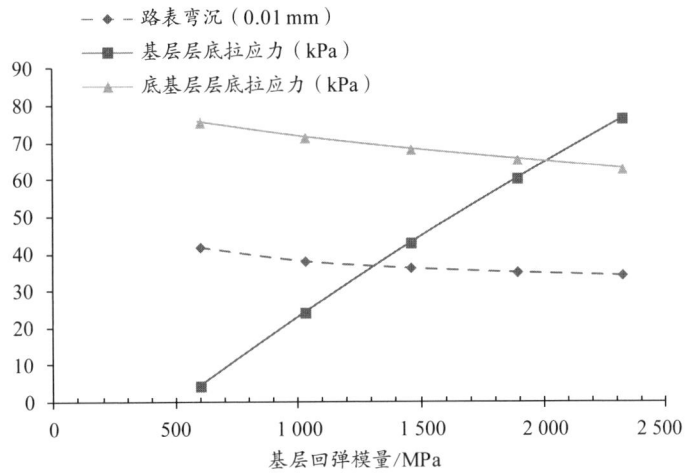

图4.8 级配碎石柔性结构基层模量影响曲线图

从图4.8中可以看出,路表弯沉和底基层层底拉应力随着基层模量的增大略有减小,对其影响并不明显。但对基层层底拉应力影响较大,随着基层模量的增加,基层层底拉应力变大。

基层层底拉应力与底基层层底拉应力值接近时为最佳路面结构,所以试验组4为最佳路面结构。采用线性差值法计算,稳定红土砾石模量达到

1 890 MPa，需要掺入5%~6%的水泥。依托工程位于非洲，水泥价格昂贵，为了节约施工成本，选择满足道路规范标准要求即可。

工程根据实际情况选择试验组2为道路结构：5 cm厚沥青混凝土；20 cm级配碎石（回弹模量550 MPa）；40 cm稳定红土砾石基层（回弹模量1 030 MPa）；25 cm稳定红土砾石底基层（回弹模量1 060 MPa）；地基模量70 MPa。根据线性插值法计算知，现场使用4%水泥稳定红土砾石即可满足此结构的材料要求。

4.4 稳定红土砾石在路面结构中的合理厚度分析

4.4.1 用于半刚性结构时的合理厚度分析

半刚性结构是采用无机结合稳定土（碎石）作为基层、底基层材料的一种典型路面结构。传统半刚性结构如图4.9所示。

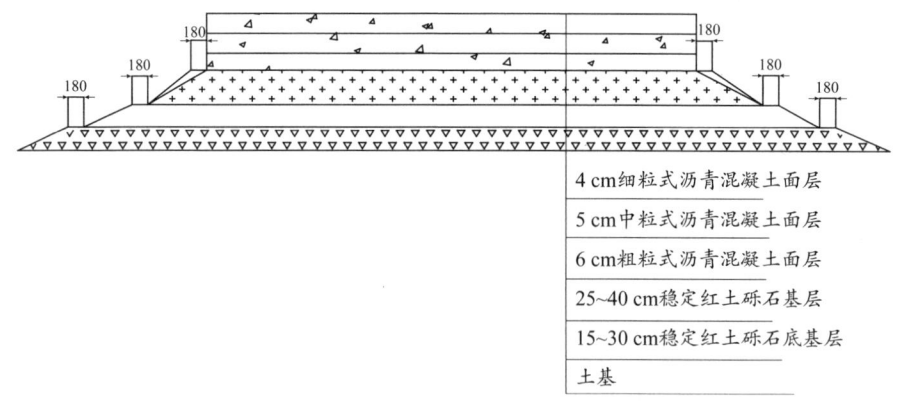

图4.9 传统半刚性基层道路横截面（cm）

为了能够直观地分析各个因素的显著性水平，利用正交试验设计的方法，分析各个因素的影响水平。水平、因素见表4.11。

第4章 稳定红土砾石沥青路面合理结构分析

表4.11 半刚性结构正交因素、水平表

水平	因素				
	基层材料模量/MPa	底基层材料模量/MPa	土基模量/MPa	基层厚度/cm	底基层厚度/cm
1	600	500	30	25	15
2	1 150	850	40	30	20
3	1 700	1 200	50	35	25
4	2 250	1 550	60	40	30

采用 $L_{16}(4^5)$ 进行正交试验，见表4.12。

表4.12 半刚性结构正交试验表

试验组	影响因素				
	基层模量/MPa	底基层模量/MPa	土基模量/MPa	基层厚度/cm	底基层厚度/cm
试验1	600	500	30	25	15
试验2	600	850	40	30	20
试验3	600	1 200	50	35	25
试验4	600	1 550	60	40	30
试验5	1 150	500	40	35	30
试验6	1 150	850	30	40	25
试验7	1 150	1 200	60	25	20
试验8	1 150	1 550	50	30	15
试验9	1 700	500	50	40	20
试验10	1 700	850	60	35	15
试验11	1 700	1 200	30	30	30
试验12	1 700	1 550	40	25	25
试验13	2 250	500	60	30	25
试验14	2 250	850	50	25	30
试验15	2 250	1 200	40	40	15
试验16	2 250	1 550	30	35	20

将正交试验表数据输入BISAR 3.0中计算出结果（单轴双轮标准荷载100 kN），得表4.13。

表4.13　半刚性结构计算结果

试验组	A 竖向变形/0.01 mm	B 基层层底拉应力/MPa	C 基层层底拉应力/MPa	D 底基层层底拉应力/MPa	E 底基层层底拉应力/MPa
试验1	65.45	0.063 3	0.070 7	0.100 2	0.111 4
试验2	46.45	0.031 5	0.034 9	0.000 02	0.000 01
试验3	36.28	0.000 5	−0.000 1	0.086	0.094 4
试验4	30.14	−0.007	−0.008 5	0.075 5	0.082 2
试验5	38.45	0.060 5	0.068 8	0.043 3	0.047 1
试验6	42.22	0.041	0.045 4	0.065 8	0.071 5
试验7	33.41	0.032 2	0.036 9	0.107 8	0.121 1
试验8	36.28	0.051 4	0.057 5	0.133	0.149 1
试验9	31.97	0.091	0.102 5	0.037 8	0.041 5
试验10	30.38	0.084 9	0.096	0.068 1	0.076 1
试验11	40.55	0.025 5	0.029	0.085	0.092 8
试验12	36.9	0.033 6	0.039	0.116 2	0.128 9
试验13	30.12	0.020 7	0.023 5	0.039 4	0.043 5
试验14	32.29	0.093 2	0.108 6	0.066	0.072 7
试验15	33.87	0.068 8	0.01	0.079 8	0.088
试验16	39.85	0.068 8	0.076 8	0.103 4	0.113 6

分别讨论各因素对基层层底拉应力以及底基层层底拉应力的影响大小。考核基层层底拉应力影响指标由极差值表示，见表4.14。

表4.14 半刚性结构基层拉应力计算结果

试验号	基层模量/MPa	底基层模量/MPa	土基模量/MPa	基层厚度/cm	底基层厚度/cm	基层层底拉应力/MPa
1	600	500	30	25	15	0.067
2	600	850	40	30	20	0.066 4
3	600	1 200	50	35	25	0.000 2
4	600	1 550	60	40	30	−0.007 8
5	1 150	500	40	35	30	0.064 7
6	1 150	850	30	40	25	0.043 2
7	1 150	1 200	60	25	20	0.034 6
8	1 150	1 550	50	30	15	0.054 5
9	1 700	500	50	40	20	0.096 8
10	1 700	850	60	35	15	0.090 5
11	1 700	1 200	30	30	30	0.027 3
12	1 700	1 550	40	25	25	0.036 3
13	2 250	500	60	30	25	0.022 1
14	2 250	850	50	25	30	0.100 9
15	2 250	1 200	40	40	15	0.039 4
16	2 250	1 550	30	35	20	0.072 8
K_1	0.125 8	0.250 6	0.210 3	0.238 8	0.251 4	
K_2	0.197	0.301	0.206 8	0.170 3	0.270 6	
K_3	0.250 9	0.101 5	0.252 4	0.228 2	0.101 8	
K_4	0.235 2	0.155 8	0.139 4	0.171 6	0.185 1	
$K_1/4$	0.031 5	0.062 7	0.052 6	0.059 7	0.062 9	
$K_2/4$	0.049 3	0.075 3	0.051 7	0.042 6	0.067 7	
$K_3/4$	0.062 7	0.025 4	0.063 1	0.057 1	0.025 5	
$K_4/4$	0.058 8	0.039	0.034 9	0.042 9	0.046 3	
ω	0.031 2	0.049 9	0.028 2	0.017 1	0.042 2	

由表4.14得知各因素的极差值,其影响基层层底拉应力大小的顺序为:底基层模量＞底基层厚度＞基层模量＞土基模量＞基层厚度,即底基层模量和底基层厚度对基层层底拉应力的影响大,所以为了控制和减小基层层底拉应力,控制好底基层模量和厚度非常重要。

传统半刚性结构底基层层底拉应力影响指标见表4.15和表4.16。

表4.15 传统半刚性结构底基层拉应力计算结果

试验号	基层模量/MPa	底基层模量/MPa	土基模量/MPa	基层厚度/cm	底基层厚度/cm	底基层层底拉应力/MPa
1	600	500	30	25	15	0.105 8
2	600	850	40	30	20	0.000 02
3	600	1 200	50	35	25	0.090 2
4	600	1 550	60	40	30	0.078 9
5	1 150	500	40	35	30	0.045 2
6	1 150	850	30	40	25	0.068 7
7	1 150	1 200	60	25	20	0.114 5
8	1 150	1 550	50	30	15	0.141 1
9	1 700	500	50	40	20	0.039 7
10	1 700	850	60	35	15	0.072 1
11	1 700	1 200	30	30	30	0.088 9
12	1 700	1 550	40	25	25	0.122 6
13	2 250	500	60	30	25	0.041 5
14	2 250	850	50	25	30	0.069 4
15	2 250	1 200	40	40	15	0.083 9
16	2 250	1 550	30	35	20	0.108 5
K_1	0.274 9	0.191 5	0.371 9	0.412 3	0.402 9	
K_2	0.369 5	0.210 2	0.251 7	0.271 5	0.262 7	
K_3	0.323 3	0.377 5	0.340 4	0.316	0.323	

表4.15（续）

试验号	基层模量/MPa	底基层模量/MPa	土基模量/MPa	基层厚度/cm	底基层厚度/cm	底基层层底拉应力/MPa
K_4	0.303 3	0.451 1	0.307	0.271 2	0.282 4	
$K_1/4$	0.068 7	0.047 9	0.093	0.103 1	0.100 7	
$K_2/4$	0.092 4	0.052 6	0.062 9	0.067 9	0.065 7	
$K_3/4$	0.080 8	0.094 4	0.085 1	0.079	0.080 8	
$K_4/4$	0.075 8	0.112 8	0.076 8	0.067 8	0.070 6	
ω	0.023 7	0.064 9	0.030 1	0.035 3	0.035	

表4.16 传统半刚性结构路表弯沉极差表

试验号	基层模量/MPa	底基层模量/MPa	土基模量/MPa	基层厚度/cm	底基层厚度/cm	路表弯沉/0.01 mm
1	600	500	30	25	15	65.45
2	600	850	40	30	20	46.45
3	600	1 200	50	35	25	36.28
4	600	1 550	60	40	30	30.14
5	1 150	500	40	35	30	38.45
6	1 150	850	30	40	25	42.22
7	1 150	1 200	60	25	20	33.41
8	1 150	1 550	50	30	15	36.28
9	1 700	500	50	40	20	31.97
10	1 700	850	60	35	15	30.38
11	1 700	1 200	30	30	30	40.55
12	1 700	1 550	40	25	25	36.9
13	2 250	500	60	30	25	30.12
14	2 250	850	50	25	30	32.29
15	2 250	1 200	40	40	15	33.87

表4.16（续）

试验号	基层模量/MPa	底基层模量/MPa	土基模量/MPa	基层厚度/cm	底基层厚度/cm	路表弯沉/0.01 mm
16	2 250	1 550	30	35	20	39.85
K_1	178.32	165.99	188.07	168.05	165.98	
K_2	150.36	151.34	155.67	153.4	151.68	
K_3	139.8	144.11	136.82	144.96	145.52	
K_4	136.13	143.17	124.05	138.2	141.43	
$K_1/4$	44.58	41.5	47.02	42.01	41.5	
$K_2/4$	37.59	37.84	38.92	38.35	37.92	
$K_3/4$	34.95	36.03	34.21	36.24	36.38	
$K_4/4$	34.03	35.79	31.01	34.55	35.36	
ω	10.55	5.71	16.01	7.46	6.14	

比较极差值的大小，各因素对底基层层底拉应力的影响顺序为：底基层模量＞基层厚度＝底基层厚度＞土基模量＞基层模量，即底基层模量对底基层层底拉应力影响最大，为了控制和减小底基层层底拉应力，选择合理底基层模量非常重要。

影响路表弯沉值大小因素顺序是：土基模量＞基层模量＞基层厚度＞底基层厚度＞底基层模量，土基模量对路吗面弯沉影响最大。为了减小路面的弯沉，应该加固土基，避免出现软弱土基的状况，土基的模量应不小于60 MPa。

由表4.14和表4.15得出，影响基层、底基层层底拉应力的主要因素为底基层模量，为了探究基层模量大小对基层层底拉应力的影响，结合上述最佳基层厚度以及土基模量的取值，采用控制变量法来计算最佳合理结构，见表4.17和表4.18。

表4.17 传统半刚性路面结构计算数据

试验组	影响因素				
	基层模量/MPa	底基层模量/MPa	土基模量/MPa	基层厚度/cm	底基层厚度/cm
试验1	1 150	500	60	40	30
试验2	1 150	850	60	40	30
试验3	1 150	1 200	60	40	30
试验4	1 150	1 550	60	40	30

表4.18 传统半刚性路面结构计算结果

试验组	各点计算结果				
	A 竖向变形/0.01 mm	B 基层层底拉应力/MPa	C 基层层底拉应力/MPa	D 底基层层底拉应力/MPa	E 底基层层底拉应力/MPa
试验1	29.11	0.05	0.057	0.033	0.036
试验2	27.4	0.029	0.032	0.048	0.052
试验3	26.32	0.016	0.018	0.059	0.065
试验4	25.57	0.008	0.008 5	0.069	0.075

根据计算结果绘制散点曲线,见图4.10。

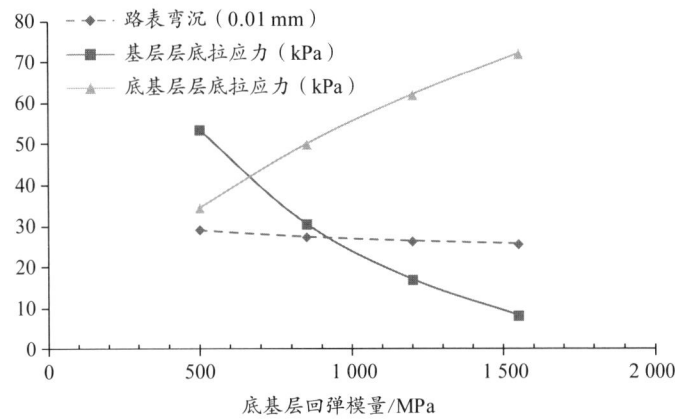

图4.10 半刚性结构底基层模量影响曲线图

由图4.10可知，底基层模量影响最大的是基层层底拉应力以及底基层层底拉应力，基层拉应力值的交点即为最佳合理结构底基层模量。

最佳合理结构：4 cm、5 cm、6 cm上中下三层沥青混凝土面层；40 cm稳定红土砾石基层（回弹模量1 150 MPa）；30 cm稳定红土砾石底基层（回弹模量700 MPa）；地基模量60 MPa。

4.4.2 用于柔性结构时的合理厚度分析

本书取密集沥青稳定碎石作为柔性结构层，通常面层沥青混凝土分两层（上面层5 cm、下面层6 cm），沥青稳定碎石层厚度取15 cm；20 ℃下模量取1 000~1 800 MPa。路面结构的横断面如图4.11所示，考虑的影响因素及其水平见表4.19，采用六因素五水平的正交试验表安排计算工况，见表4.20。

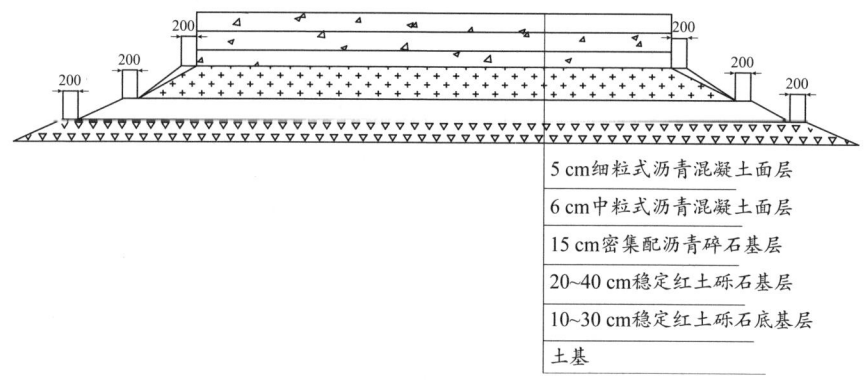

图4.11 柔性基层道路横截面（cm）

表4.19 密集沥青稳定碎石柔性结构正交因素、水平表

水平	沥青碎石模量/MPa	基层材料模量/MPa	底基层材料模量/MPa	土基模量/MPa	基层厚度/cm	底基层厚度/cm
1	1 000	600	500	30	20	10
2	1 200	1 030	780	40	25	15
3	1 400	1 460	1 060	50	30	20

表4.19（续）

水平	因素					
	沥青碎石模量 /MPa	基层材料模量 /MPa	底基层材料模量 /MPa	土基模量 /MPa	基层厚度 /cm	底基层厚度 /cm
4	1 600	1 890	1 340	60	35	25
5	1 800	2 320	1 620	70	40	30

表4.20 柔性结构正交试验表

试验组	影响因素					
	沥青碎石模量/MPa	基层材料模量/MPa	底基层材料模量/MPa	土基模量/MPa	基层厚度/cm	底基层厚度/cm
试验1	1 000	600	500	30	20	10
试验2	1 000	1 030	780	40	25	15
试验3	1 000	1 460	1 060	50	30	20
试验4	1 000	1 890	1 340	60	35	25
试验5	1 000	2 320	1 620	70	40	30
试验6	1 200	600	780	50	35	30
试验7	1 200	1 030	1 060	60	40	10
试验8	1 200	1 460	1 340	70	20	15
试验9	1 200	1 890	1 620	30	25	20
试验10	1 200	2 320	500	40	30	25
试验11	1 400	600	1 060	70	40	25
试验12	1 400	1 030	1 340	30	30	30
试验13	1 400	1 460	1 620	40	35	10
试验14	1 400	1 890	500	50	40	15
试验15	1 400	2 320	780	60	20	20
试验16	1 600	600	1 340	40	40	20
试验17	1 600	1 030	1 620	50	20	25

表4.20（续）

试验组	影响因素					
	沥青碎石模量/MPa	基层材料模量/MPa	底基层材料模量/MPa	土基模量/MPa	基层厚度/cm	底基层厚度/cm
试验18	1 600	1 460	500	60	25	30
试验19	1 600	1 890	780	70	30	10
试验20	1 600	2 320	1 060	30	35	15
试验21	1 800	600	1 620	60	30	15
试验22	1 800	1 030	500	70	35	20
试验23	1 800	1 460	780	30	40	25
试验24	1 800	1 890	1 060	40	20	30
试验25	1 800	2 320	1 340	50	25	10

将正交试验表数据输入BISAR 3.0中计算，结果（单轴双轮标准荷载100 kN）见表4.21~表4.24。

表4.21 柔性结构计算结果

试验组	各点计算结果				
	A 竖向变形/0.01 mm	B 基层层底拉应力/MPa	C 基层层底拉应力/MPa	D 底基层层底拉应力/MPa	E 底基层层底拉应力/MPa
试验1	62.02	0.073 1	0.081	0.092 4	0.102 6
试验2	42.07	0.060 1	0.066 7	0.080 8	0.089 4
试验3	31.32	0.047 1	0.052 4	0.069	0.075 8
试验4	24.65	0.037 4	0.041 6	0.058 7	0.064
试验5	20.16	0.030 3	0.033 7	0.050 1	0.054 2
试验6	31.67	0.009 6	0.010 3	0.000 2	0.000 2
试验7	28.82	0.043 2	0.047 2	0.067 5	0.074 3
试验8	28.9	0.051 6	0.058 4	0.103 3	0.116 4

表4.21(续)

试验组	各点计算结果				
	A	B	C	D	E
	竖向变形/0.01 mm	基层层底拉应力/MPa	基层层底拉应力/MPa	底基层层底拉应力/MPa	底基层层底拉应力/MPa
试验 9	40.89	0.051 1	0.056 7	0.108 8	0.119 4
试验 10	34.42	0.109 9	0.123 7	0.034 8	0.037 8
试验 11	27.94	0.004 1	0.004	0.066 1	0.072 7
试验 12	37.24	0.012 7	0.013 6	0.074 1	0.08
试验 13	34.69	0.058 8	0.064 3	0.104 6	0.115 2
试验 14	28.68	0.084 6	0.093 7	0.029 5	0.032 3
试验 15	30.01	0.110 6	0.126 8	0.061 1	0.068
试验 16	34.26	0.008 1	0.008 2	0.074 6	0.080 5
试验 17	30.71	0.008 2	0.008 7	0.099 2	0.109 5
试验 18	28.22	0.069 2	0.079 2	0.033 4	0.036 4
试验 19	26.21	0.095 6	0.107 7	0.053 3	0.059 7
试验 20	37.95	0.092 4	0.101 7	0.066 6	0.072 7
试验 21	30.18	0.008 2	0.008 2	0.100 6	0.110 8
试验 22	25.79	0.045 9	0.051 2	0.031 5	0.034 4
试验 23	35.61	0.048 8	0.053 8	0.045 2	0.048 5
试验 24	33.27	0.055 3	0.063 6	0.069 7	0.076 2
试验 25	32.15	0.112 3	0.126 2	0.099 2	0.111 2

表4.22 柔性结构基层拉应力计算结果

试验号	沥青碎石模量/MPa	基层模量/MPa	底基层模量/MPa	土基模量/MPa	基层厚度/cm	底基层厚度/cm	基层层底拉应力/MPa
1	1 000	600	500	30	20	10	0.077 1
2	1 000	1 030	780	40	25	15	0.063 4

表4.22（续）

试验号	沥青碎石模量/MPa	基层模量/MPa	底基层模量/MPa	土基模量/MPa	基层厚度/cm	底基层厚度/cm	基层层底拉应力/MPa
3	1 000	1 460	1 060	50	30	20	0.049 8
4	1 000	1 890	1 340	60	35	25	0.039 5
5	1 000	2 320	1 620	70	40	30	0.032
6	1 200	600	780	50	35	30	0.01
7	1 200	1 030	1 060	60	40	10	0.045 2
8	1 200	1 460	1 340	70	20	15	0.055
9	1 200	1 890	1 620	30	25	20	0.053 9
10	1 200	2 320	500	40	30	25	0.116 8
11	1 400	600	1 060	70	25	25	0.004
12	1 400	1 030	1 340	30	30	30	0.013 2
13	1 400	1 460	1 620	40	35	10	0.061 6
14	1 400	1 890	500	50	40	15	0.089 2
15	1 400	2 320	780	60	20	20	0.118 7
16	1 600	600	1 340	40	40	20	0.008 2
17	1 600	1 030	1 620	50	20	25	0.008 5
18	1 600	1 460	500	60	25	30	0.074 2
19	1 600	1 890	780	70	30	10	0.101 7
20	1 600	2 320	1 060	30	35	15	0.097 1
21	1 800	600	1 620	60	30	15	0.008 2
22	1 800	1 030	500	70	35	20	0.048 6
23	1 800	1 460	780	30	40	25	0.051 6
24	1 800	1 890	1 060	40	20	30	0.059 5
25	1 800	2 320	1 340	50	25	10	0.119 3
K_1	0.261 8	0.107 5	0.405 9	0.292 9	0.318 8	0.404 9	

表4.22（续）

试验号	沥青碎石模量/MPa	基层模量/MPa	底基层模量/MPa	土基模量/MPa	基层厚度/cm	底基层厚度/cm	基层层底拉应力/MPa
K_2	0.280 9	0.178 9	0.345 4	0.309 5	0.314 8	0.312 9	
K_3	0.286 7	0.292 2	0.255 6	0.276 8	0.287 7	0.279 2	
K_4	0.289 7	0.343 8	0.248 4	0.285 8	0.256 8	0.220 4	
K_5	0.287 2	0.483 9	0.164 2	0.241 3	0.226 2	0.188 9	
$K_1/5$	0.052 4	0.021 5	0.081 2	0.058 6	0.063 8	0.081	
$K_2/5$	0.056 2	0.035 8	0.069 1	0.061 9	0.063	0.062 6	
$K_3/5$	0.057 3	0.058 4	0.051 1	0.055 4	0.057 5	0.055 8	
$K_4/5$	0.057 9	0.068 8	0.049 7	0.057 2	0.051 4	0.044 1	
$K_5/5$	0.057 4	0.096 8	0.032 8	0.048 3	0.045 2	0.037 8	
ω	0.005 5	0.075 3	0.048 4	0.013 6	0.018 6	0.043 2	

表4.23 柔性结构底基层拉应力计算结果

试验号	沥青碎石模量/MPa	基层模量/MPa	底基层模量/MPa	土基模量/MPa	基层厚度/cm	底基层厚度/cm	底基层层底拉应力/MPa
1	1 000	600	500	30	20	10	0.097 5
2	1 000	1 030	780	40	25	15	0.085
3	1 000	1 460	1 060	50	30	20	0.072 4
4	1 000	1 890	1 340	60	35	25	0.061 4
5	1 000	2 320	1 620	70	40	30	0.052 2
6	1 200	600	780	50	35	30	0.000 2
7	1 200	1 030	1 060	60	40	10	0.070 9
8	1 200	1 460	1 340	70	20	15	0.109 9
9	1 200	1 890	1 620	30	25	20	0.114 1
10	1 200	2 320	500	40	30	25	0.036 3
11	1 400	600	1 060	70	25	25	0.069 4

表4.23（续）

试验号	沥青碎石模量/MPa	基层模量/MPa	底基层模量/MPa	土基模量/MPa	基层厚度/cm	底基层厚度/cm	底基层层底拉应力/MPa
12	1 400	1 030	1 340	30	30	30	0.077 1
13	1 400	1 460	1 620	40	35	10	0.109 9
14	1 400	1 890	500	50	40	15	0.030 9
15	1 400	2 320	780	60	20	20	0.064 6
16	1 600	600	1 340	40	40	20	0.077 6
17	1 600	1 030	1 620	50	20	25	0.104 4
18	1 600	1 460	500	60	25	30	0.034 9
19	1 600	1 890	780	70	30	10	0.056 5
20	1 600	2 320	1 060	30	35	15	0.069 7
21	1 800	600	1 620	60	30	15	0.105 7
22	1 800	1 030	500	70	35	20	0.033
23	1 800	1 460	780	30	40	25	0.046 9
24	1 800	1 890	1 060	40	20	30	0.073
25	1 800	2 320	1 340	50	25	10	0.105 2
K_1	0.368 5	0.350 4	0.232 6	0.405 3	0.449 4	0.44	
K_2	0.331 4	0.370 4	0.253 2	0.403 8	0.408 6	0.401 2	
K_3	0.351 9	0.374	0.375 4	0.313 1	0.348	0.361 7	
K_4	0.343 1	0.335 9	0.431 2	0.337 5	0.274 2	0.318 4	
K_5	0.363 8	0.328	0.486 3	0.321	0.278 5	0.237 4	
$K_1/5$	0.073 7	0.070 1	0.046 5	0.081 1	0.089 9	0.088	
$K_2/5$	0.066 3	0.074 1	0.050 6	0.080 8	0.081 7	0.080 2	
$K_3/5$	0.070 4	0.074 8	0.075 1	0.062 6	0.069 6	0.072 3	
$K_4/5$	0.068 6	0.067 2	0.086 2	0.067 5	0.054 8	0.063 7	
$K_5/5$	0.072 8	0.065 6	0.097 3	0.064 2	0.055 7	0.047 5	
ω	0.007 4	0.009 2	0.050 8	0.018 5	0.035 1	0.040 5	

表4.24 柔性结构路表弯沉计算结果

试验号	沥青碎石模量/MPa	基层模量/MPa	底基层模量/MPa	土基模量/MPa	基层厚度/cm	底基层厚度/cm	路表弯沉/0.01 mm
1	1 000	600	500	30	20	10	62.02
2	1 000	1 030	780	40	25	15	42.07
3	1 000	1 460	1 060	50	30	20	31.32
4	1 000	1 890	1 340	60	35	25	24.65
5	1 000	2 320	1 620	70	40	30	20.16
6	1 200	600	780	50	35	30	31.67
7	1 200	1 030	1 060	60	40	10	28.82
8	1 200	1 460	1 340	70	20	15	28.9
9	1 200	1 890	1 620	30	25	20	40.89
10	1 200	2 320	500	40	30	25	34.42
11	1 400	600	1 060	70	25	25	27.94
12	1 400	1 030	1 340	30	30	30	37.24
13	1 400	1 460	1 620	40	35	10	34.69
14	1 400	1 890	500	50	40	15	28.68
15	1 400	2 320	780	60	20	20	30.01
16	1 600	600	1 340	40	40	20	34.26
17	1 600	1 030	1 620	50	20	25	30.71
18	1 600	1 460	500	60	25	30	28.22
19	1 600	1 890	780	70	30	10	26.21
20	1 600	2 320	1 060	30	35	15	37.95
21	1 800	600	1 620	60	30	15	30.18
22	1 800	1 030	500	70	35	20	25.79
23	1 800	1 460	780	30	40	25	35.61
24	1 800	1 890	1 060	40	20	30	33.27
25	1 800	2 320	1 340	50	25	10	32.15

表4.24（续）

试验号	沥青碎石模量/MPa	基层模量/MPa	底基层模量/MPa	土基模量/MPa	基层厚度/cm	底基层厚度/cm	路表弯沉/0.01 mm
K_1	180.22	186.07	179.13	213.71	184.91	183.89	
K_2	164.7	164.63	165.75	178.71	171.27	167.78	
K_3	158.56	158.74	159.3	154.53	159.37	162.27	
K_4	157.35	153.7	157.2	141.88	154.75	153.33	
K_5	157	154.69	156.63	129	147.53	150.56	
$K_1/5$	36.04	37.21	35.83	42.74	36.98	36.78	
$K_2/5$	32.94	32.93	33.15	35.74	34.25	33.56	
$K_3/5$	31.71	31.75	31.86	30.91	31.87	32.45	
$K_4/5$	31.47	30.74	31.44	28.38	30.95	30.67	
$K_5/5$	31.4	30.94	31.33	25.8	29.51	30.11	
ω	4.64	6.47	4.5	16.94	7.47	6.67	

由柔性结构各计算工况的极差计算结果可到各影响因素的排序如下：

（1）影响基层层底拉应力的因素顺序为：基层模量＞底基层模量＞底基层厚度＞基层厚度＞土基模量＞沥青碎石模量。

（2）影响底基层层底拉应力的因素顺序为：底基层模量＞底基层厚度＞基层厚度＞土基模量＞基层模量＞沥青碎石模量。

（3）影响路表弯沉的因素顺序为：土基模量＞基层厚度＞底基层厚度＞基层模量＞沥青碎石模量＞底基层模量。

从表4.21得出，仅试验组1不满足结构要求。

对路表弯沉影响最大的为土基模量，当土基模量取值为70 MPa时，路表弯沉值达到最小。底基层模量对路面结构的影响程度大于基层模量，以底基层模量为单一变量，分析底基层模量对路面结构的影响。计算方案安排与计算结果见表4.25和表4.26。

◎ 第4章 稳定红土砾石沥青路面合理结构分析

表4.25 柔性路面结构计算数据

试验组	影响因素					
	沥青碎石模量/MPa	基层材料模量/MPa	底基层材料模量/MPa	土基模量/MPa	基层厚度/cm	底基层厚度/cm
试验1	1 400	1 460	500	70	25	25
试验2	1 400	1 460	780	70	25	25
试验3	1 400	1 460	1 060	70	25	25
试验4	1 400	1 460	1 340	70	25	25
试验5	1 400	1 460	1 620	70	25	25

表4.26 级配碎石柔性路面结构计算结果

试验组	各测点计算结果				
	A	B	C	D	E
	竖向变形/0.01 mm	基层层底拉应力/MPa	基层层底拉应力/MPa	底基层层底拉应力/MPa	底基层层底拉应力/MPa
试验1	27.77	0.074	0.085	0.035	0.039
试验2	26.49	0.052	0.06	0.05	0.055
试验3	25.6	0.037	0.043	0.062	0.069
试验4	24.93	0.027	0.03	0.072	0.08
试验5	24.41	0.019	0.021	0.08	0.089

根据计算结果绘制散点曲线，见图4.12。

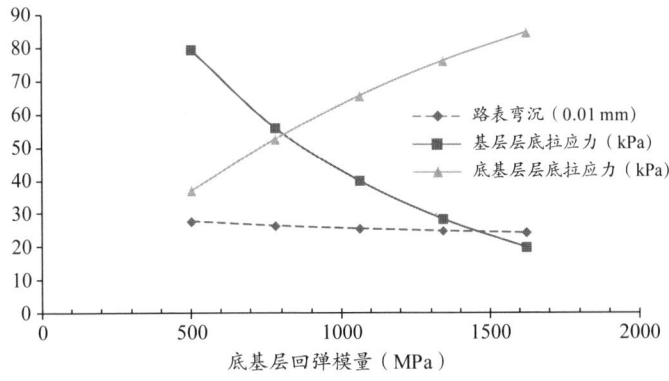

图4.12 底基层模量影响曲线图

由图4.12可知，底基层模量达到800 MPa为最佳模量值。

柔性道路最佳合理结构为：5 cm、6 cm两层沥青混凝土面层；15 cm沥青碎石层；25 cm稳定红土砾石基层（回弹模量1 460 MPa）；25 cm稳定红土砾石底基层（回弹模量800 MPa）；地基模量70 MPa。

4.5 本章小结

（1）结合《公路沥青路面设计规范》对道路设计参数进行确定，并采用稳定红土砾石作为铺筑材料，对二级中交通量道路进行道路组合设计。

（2）用BISAR 3.0软件进行结构力学计算。

（3）对它们进行正交试验，分析非面层设计参数对设计考察指标的影响及最佳组合。

① 传统半刚性结构在五因素四水平范围内变化时，影响各考察指标的敏感性由大到小依次为：

基层层底拉应力：底基层模量＞底基层厚度＞基层模量＞土基模量＞基层厚度。

底基层层底拉应力：底基层模量＞基层厚度＝底基层厚度＞土基模量＞基层模量。

路表弯沉：土基模量＞基层模量＞基层厚度＞底基层厚度＞底基层模量。

② 级配碎石柔性结构在六因素五水平范围内变化时，影响各考察指标的敏感性由大到小依次为：

基层层底拉应力：基层模量＞底基层模量＞底基层厚度＞基层厚度＞土基模量＞级配碎石模量。

底基层层底拉应力：基层厚度＞底基层模量＞级配碎石模量＞土基模量＝

底基层厚度＞基层模量。

路表弯沉：土基模量＞级配碎石模量＞基层厚度＞基层模量＞底基层厚度＞底基层模量。

③ 柔性结构在六因素五水平范围内变化时，影响各考察指标的敏感性由大到小依次为：

基层层底拉应力：基层模量＞底基层模量＞底基层厚度＞基层厚度＞土基模量＞沥青碎石模量。

底基层层底拉应力：底基层模量＞底基层厚度＞基层厚度＞土基模量＞基层模量＞沥青碎石模量。

路表弯沉：土基模量＞基层厚度＞底基层厚度＞基层模量＞沥青碎石模量＞底基层模量。

④ 传统半刚性道路最佳合理结构：4 cm、5 cm、6 cm 上中下三层沥青混凝土面层；40 cm 稳定红土砾石基层（回弹模量1 150 MPa）；30 cm 稳定红土砾石底基层（回弹模量700 MPa）；地基模量60 MPa。

⑤ 依托工程中级配碎石柔性道路最优结构组合：5 cm 厚沥青混凝土；20 cm 级配碎石（回弹模量为550 MPa）；40 cm 稳定红土砾石基层（回弹模量为1 030 MPa）；25 cm 稳定红土砾石底基层（回弹模量为1 060 MPa）；地基模量70 MPa。

⑥ 柔性道路最优结构组合：5 cm、6 cm 两层沥青混凝土面层；15 cm 沥青碎石层（20 ℃下沥青碎石模量需要达到1 400 MPa）；25 cm 稳定红土砾石基层（回弹模量为1 460 MPa）；25 cm 稳定红土砾石底基层（回弹模量为800 MPa）；地基模量70 MPa。

（4）三种路面结构中，土基模量始终是影响路表弯沉的最重要因素，模量越大路面产生的弯沉越小。

第5章 稳定红土砾石基层路面结构数值分析

5.1 引言

试验研究和数值模拟是进行路面结构受力分析的两大主要手段，与试验研究相比，数值模拟研究主要有以下几点优势：首先，数值模拟分析代价小，可以对各种工况进行反复研究探讨，而模型试验研究成本高、劳动量大，且对试验设备要求高；其次，数值模拟分析周期短、效率高，现场试验则容易受施工进度的限制，周期较长。

随着科学技术的发展，各种数值分析软件得到了很大的完善，在大多数情况下，数值模拟研究已成为试验研究中必不可少的补充。本章以有限差分软件FLAC 3D为分析工具，以刚果（布）基班古至多利吉段道路整治和沥青铺设工程为分析对象，按1∶1建立分析模型，对标准轴载作用下红土砾石基层路面结构力学响应规律进行分析。

5.2 FLAC 3D 软件

FLAC 3D是美国ITASCA公司开发的一种应用于岩土工程的有限差分软件。适用于模拟三维土体、岩体或其他材料的力学响应，能够直观地显示出被模拟介质在达到极限平衡时所表现出的变形状态，并对其破坏进行分析，特别适用于分析大变形问题。目前，FLAC 3D被广泛应用于边坡稳定性分析、地下洞室、支护设计及隧道工程、坝体工程、深基坑等诸多领域。

快速拉格朗日法和混合－离散分区技术是FLAC 3D主要的两大技术方法。如果知道应变增量的数值，就能迅速计算出应力增量与平衡力，能准确模拟材料的塑性破坏和流动，这种方法大大优于有限元中最常用的降阶法。

FLAC 3D包含11种材料本构模型、5种计算模式、多种边界条件。

（1）11种材料本构模型：主要包括空模型、各向同性弹性模型、Mohr-Coulomb（摩尔－库仑）塑性模型、Drucker-Prager（德鲁克－普拉格）塑性模型、节理化塑性模型、应变硬化/软化Mohr-Coulomb塑性模型、双线性应变硬化/软化节理化塑性模型、双屈服塑性模型、横观各向同性弹性模型、正交各向异性弹性模型、修正剑桥模型。

（2）5种计算模式：主要包括静力模式、动力模式、蠕变模式、渗流模式、温度模式。

（3）多种边界条件：人为边界条件和真实边界条件在边界条件中是最常见的。施加于边界的力学条件有指定位移和指定应力两大类。

除了上述11种基本本构模型外，FLAC 3D程序中还包括了多种可以模拟隧道衬砌、锚索、锚杆等与围岩或土相互作用的结构单元模型，如梁单元、桩单元、土工格栅单元、壳单元等。

本书中数值模拟中主要使用的是摩尔－库伦弹塑性模型。在达到屈服之前，不受塑性应变的影响，应力逐渐恢复，而在经过一段时间的作用之后，达到屈服状态，此时应力不仅包括弹性应变，还有塑性应变，可式（5.1）表示：

$$\{\varepsilon\} = \{\varepsilon^e\}+\{\varepsilon^p\} \quad (5.1)$$

用增量关系表示为：

$$\{d\varepsilon\} = \{d\varepsilon^e\}+\{d\varepsilon^p\} \quad (5.2)$$

弹性应变增量按照弹性模型计算，弹性模量与泊松比根据卸载与再加载曲线确定。塑性应变增量根据塑性模型理论计算，塑性模型理论包括屈服准则、流动法则与硬化定律三部分。

当采用摩尔－库伦屈服准则时，对于一般受力条件下的岩土，所考虑的任何一个受力面，其极限抗剪强度通常可用库伦定律表示为：

$$\tau_n = c + \sigma_n \tan\varphi \tag{5.3}$$

式中　τ_n——极限抗剪强度；

σ_n——受剪面上的法相应力；

c、φ——黏聚力与内摩擦角。

式（5.3）为摩尔－库伦屈服条件，还可以表示为：

$$\sigma_1(1-\sin\varphi) - \sigma_3(1+\sin\varphi) - 2c\cos\varphi = 0 \tag{5.4}$$

另外，FLAC 3D 具有比较完善的后处理功能，用户可以根据自己需要查看模型某一时间点的步值，也可以查看某一空间点的步值，并且可以通过相应的命令提取出自己需要的数据或图形，可见 FLAC 3D 是解决岩土工程问题的理想工具之一。

5.3 依托工程路面结构特性分析

5.3.1 模型建立

以刚果（布）基班古至多利吉段道路整治和沥青铺设工程为模拟对象，道路全长93 km，路面宽7.5 m，设计路基宽12 m，两侧路肩宽2 m。考虑到公路轴向尺寸远远大于横向尺寸，故选择其中的一个典型断面进行模拟计算。计算模型尺寸如图5.1所示，将模拟段的路基分为四层：第一层为面层，采用沥青混凝土，层厚5 cm；第二层采用级配碎石基层，层厚20 cm；第三层为底基层，采用天然红土砾石，层厚为15 cm；第四层为垫层，采用天然红土砾石层，层厚为25 cm。

◎ 红土砾石工程特性及其在路面工程中的应用

```
                    5 cm厚沥青混凝土面层
         20 cm厚级配碎石
         15 cm厚红土砾石
         25 cm厚天然红土砾石
              6.75 m
```

图5.1　模型计算示意图

模拟计算时，不考虑地下水的作用，并假定面层、基层、底基层等结合面处置较好，其接触状态为完全连续，不发生相对滑移和脱离。面层以及级配碎石过渡层采用各向同性弹性模型，基层与底基层采用摩尔－库伦弹塑性本构模型；由于路面结构为对称结构，为提高计算效率，以路堤中心线为轴，建立半路堤模型进行计算；模型的边界条件为地基底面受到水平与竖向的约束，两侧受到水平方向的约束作用。

按图5.1的路面结构图可建立如图5.2所示的路面模型。

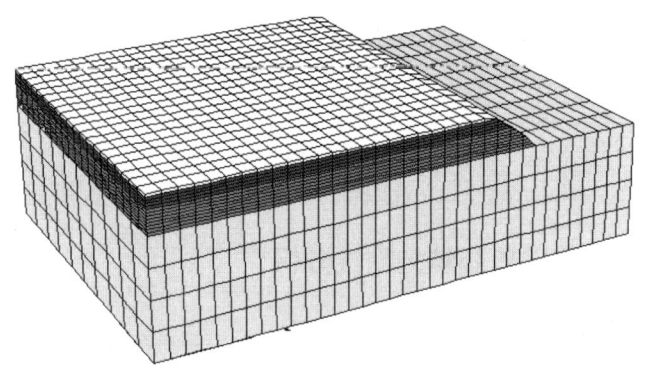

图5.2　模型网格划分图

5.3.2　荷载等效方法

一直以来，我国在沥青路面设计中将汽车轮载转化为当量的圆形垂直均布荷载。在《公路沥青路面设计规范》中，标准轴载为单轴双轮均布荷载，轮胎接地压力为0.7 MPa，单轮接地面积为直径21.3 cm，两轮中心之间的距离为

31.95 cm。随着社会经济、技术水平的提高，车辆轮胎趋于扁平化，以提高轮胎的各种性能，可见在轮载作用下，轮胎和胎压的变化使轮胎接地面更接近于矩形，分析时可采用矩形轮迹来模拟轮胎的接地面形状。故本章研究中，将车轮荷载等效为矩形分布荷载，轮压为0.7MPa，按照面积等效的原则，计算可得矩形长19.2 cm，宽18.6 cm，双轮中心距为31.4 cm，双轮总宽为50.0 cm。等效矩形面如图5.3所示。

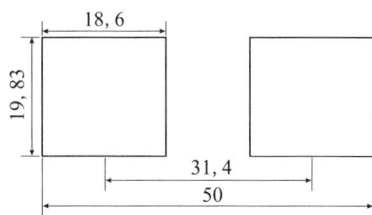

图5.3 荷载接触面模型（单位cm）

5.3.3 材料参数

在分析时用到的参数来源为：①工程勘察报告提供的物理力学参数和室内试验所获取的参数；②根据规范和经验可确定，如泊松比（υ）和弹性模量（E）等。切变模量G以及体积模量K可通过式（5.5）、式（5.6）转换：

$$K = \frac{E_0}{3(1-2\upsilon)} \quad (5.5)$$

$$G = \frac{E_0}{2(1+\upsilon)} \quad (5.6)$$

计算时用到的沥青混凝土、级配碎石、红土砾石的相关参数见表5.1。

表5.1 各层材料物理、力学参数指标

名称	干密度/(kg/m³)	体积模量/Pa	切变模量/Pa	黏聚力/Pa	内摩擦角/(°)	层厚/m
沥青混凝土	2 380	4.58×10⁸	2.12×10⁸	—	—	0.05
级配碎石	2 130	8.58×10⁸	3.96×10⁸	6×10⁴	40	0.2
天然红土砾石	2 020	8.83×10⁸	4.08×10⁸	1.57×10⁴	13.16	0.4
6%水泥掺量改良土	2 600	1.87×10¹⁰	1.24×10¹⁰	2.31×10⁵	40.89	0.4
6%石灰掺量改良土	2 520	1.43×10¹⁰	0.86×10¹⁰	1.03×10⁵	33.02	0.4
地基土	1 650	5.83×10⁷	2.69×10⁷	10×10³	15	2

5.4 红土砾石基层的结构特性

5.4.1 红土砾石（底）基层力学响应分析

为研究非洲基多公路红土砾石底基层的结构特性，在模拟施工完成后，首先将模型在自重应力作用下运行至平衡，以 $y=3$ m 处断面为监测断面，分析自重应力作用下红土砾石基层路面结构的应力、应变分布规律。图5.4为施工完成后红土砾石基层路面结构在自重应力作用下监测断面内的位移云图，由图可知，在自重荷载作用下，路面结构内的竖向位移云图大体呈层状分布，而水平位移云图分层线为一系列倾斜的曲线。同时还可以注意到，路面结构的地基土存在一个较大的水平位移区域，可见对路面结构进行整体验算是十分必要的。

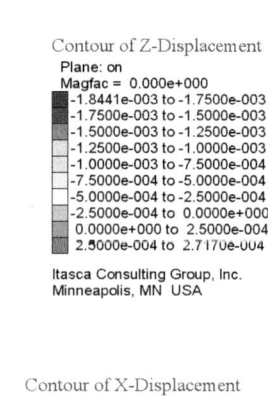
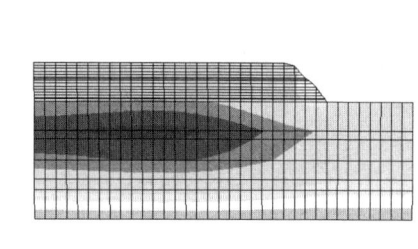

(a) 竖向位移云图

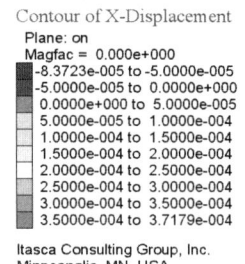
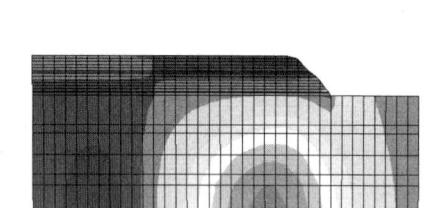

(b) 水平位移云图

图5.4 施工完成后监测断面内位移云图

图5.5分别给出了施工完成后监测断面内竖直及水平方向的应力云图。由图可知，在自重应力作用下，路面各层竖向应力呈层状分布，各层之间竖向应力梯度均匀，竖向应力最大值发生在土基中下部，水平应力最大值发生在路堤处。

◎ 第 5 章　稳定红土砾石基层路面结构数值分析

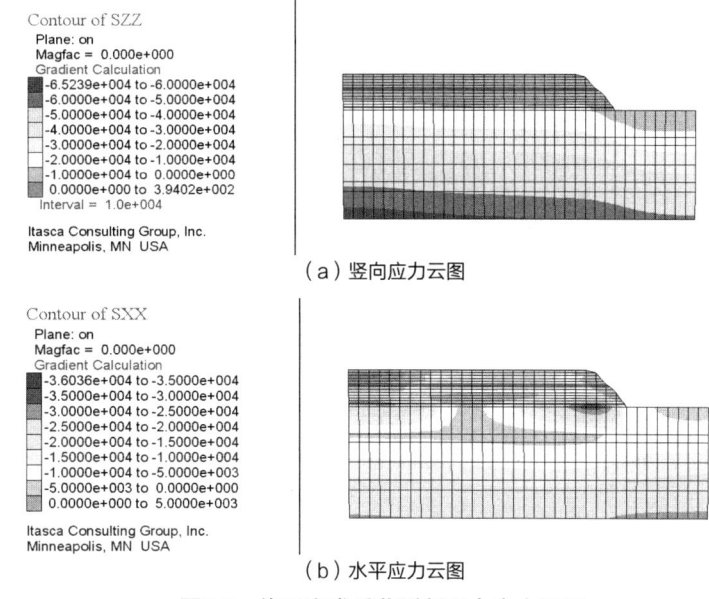

图5.5　施工完成后监测断面内应力云图

图5.6分别给出了在标准轴载作用下竖直及水平方向的应力云图。由云图可知，在双向车道标准轴载作用下，最大竖向沉降发生在轴载作用处，沉降产生区域呈现为凹谷状，底基层、垫层、土基竖向应力梯度均匀。

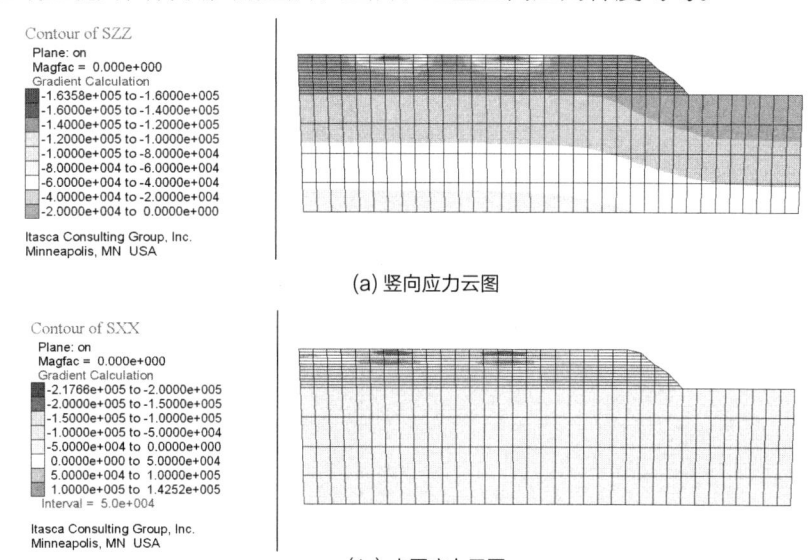

图5.6　交通荷载下监测断面内应力云图

图5.7为标准轴载作用下路面各结构层层底竖向位移随着层位变化的曲线图。由图可知，在标准轴载作用下，路面各结构层的竖向位移不断减小，且呈层状分布，面层与基层竖向位移较大，底基层层底位移较小。

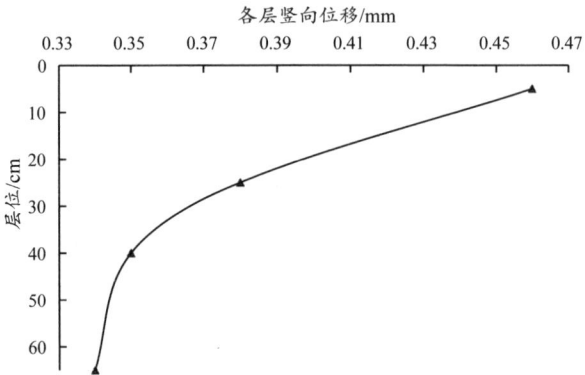

图5.7 路面各结构层竖向位移随层位变化曲线图

5.4.2 改良红土砾石（底）基层力学响应分析

为研究改良红土砾石作为路面结构底基层的结构特性，取掺加石灰、水泥改良红土砾石作为路面结构底基层，以三轴试验所得各掺量条件下的 c、φ 为变量，分析红土砾石基层的力学响应。具体步骤为：在模拟施工完成自重应力荷载后，重置各结构层水平及竖向位移，然后将模型在标准轴载作用下运行至平衡，绘出不同 c、φ 值下路面结构竖向位移与底基层水平位移，从而找出改良红土砾石最佳掺量，如图5.8与图5.9所示。

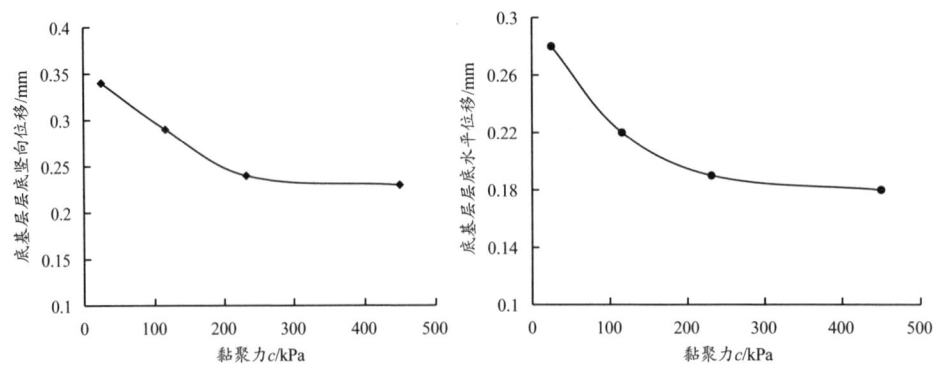

图5.8 路面结构层底位移随黏聚力的变化曲线图

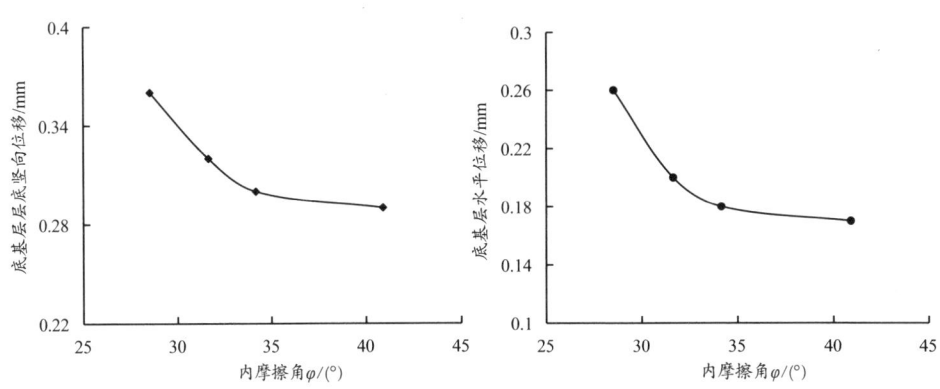

图5.9 路面结构层底位移随内摩擦角的变化曲线图

从图中可以得到：当改变底基层的 c、φ 值时，路面结构的力学性能也相应地发生变化，当黏聚力与内摩擦角增大时，底基层层底位移也随之减小，但当黏聚力大于200 kPa时，曲线由陡变缓，说明黏聚力继续增大时，底基层位移变化渐渐变小，此时路面结构力学性能趋于稳定；同样，当底基层改良土内摩擦角大于35°左右时，层底位移减小程度趋于稳定。在实际工程中，考虑到石灰、水泥的成本问题，当黏聚力 c 为200~300 kPa、内摩擦角为35°左右时为最佳底基层材料。综合表3.2、表3.4可以发现，当石灰掺量为5%~8%、水泥掺量为6%时，其力学参数最为接近最佳值，即为最佳掺量。

5.5 基层模量与厚度对路面结构受力的影响分析

半刚性基层强度较高，但容易产生干缩和温缩裂缝，在汽车荷载以及温度应力的作用下，使裂缝上方的面层引起应力集中，从而产生反射裂缝。为减少反射裂缝对路面结构的危害，将级配碎石作为过渡层设置在面层与半刚性基层之间，形成倒装式路面结构。不少学者研究发现，设置级配碎石层于半刚性基层上，路面结构的力学性质发生了显著的变化。李霖等对超载作用下的倒装式路面结构的力学性质进行分析，发现设置级配碎石层可以明显降低半刚性基层层底拉应力以及路基表面拉应变。本节主要分析改良红土砾石基层的厚度与模量对倒装式路面结构的受力影响，利用 FLAC 3D 软件，以路表弯沉、沥青面层底部应力、半刚性基层层底应力为分析指标来分析改良红土砾石基层结构的适用性，为改良红土砾石基层在实际工程中的应用提出合理的建议。

5.5.1 路表弯沉

为找出路表最大弯沉值的位置，选取以水泥掺量为6%的改良红土砾石为底基层，厚度为25 cm，模量为500 MPa，计算在标准轴载作用下距轮隙中心不同距离处的弯沉值。将双轮荷载中心作为坐标 x 轴的零点，路表弯沉值分布情况见图5.10。

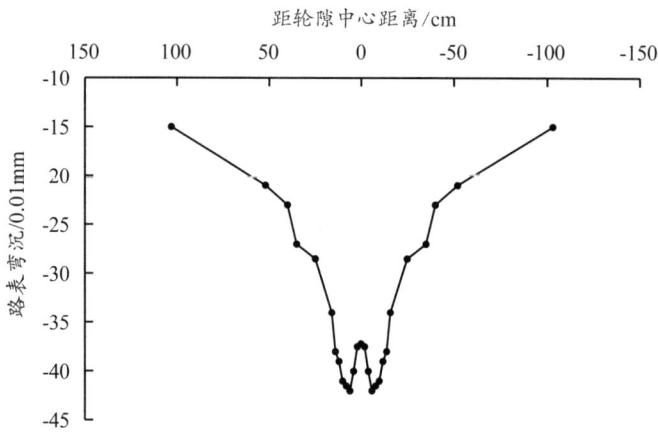

图5.10　路表弯沉分布曲线图

由图5.10可得，在轮胎的接触表面产生了较大的弯沉，其中最大值位于单轮荷载中心处。以单轮荷载中心作为计算点，利用 FLAC 3D 软件计算可得到改良红土砾石基层不同厚度与模量下的路表弯沉值，其变化关系见图5.11。

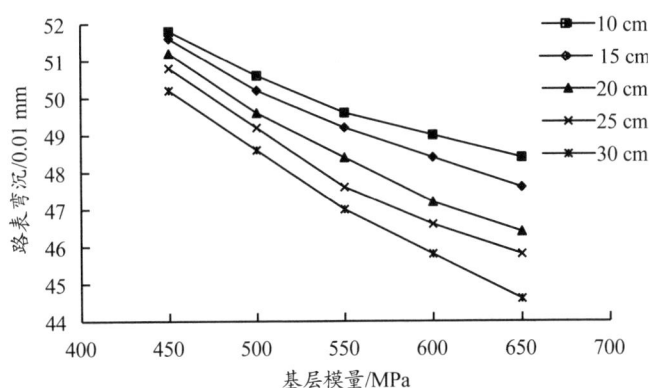

图5.11 路表弯沉随半刚性基层模量与厚度变化关系图

从图5.11中可以发现,增加半刚性基层的厚度与模量可以明显降低路表的弯沉值。当半刚性基层的模量较小时,增加半刚性基层的厚度对减少路表弯沉值的作用并不明显,当半刚性基层模量为450 MPa时,其厚度从10 cm增加到30 cm时,路表弯沉值只减少了3%;当半刚性基层模量为650 MPa时,路表弯沉值减小了8%。与半刚性基层的厚度相比,其模量的变化对路表的弯沉值有着较大的影响,并且随着厚度的增加,路表弯沉的下降幅度也增大。若半刚性基层模量分别取10 cm与30 cm,其模量增加200 MPa时,路表弯沉分别减少了7.0%、12.6%。根据分析数据可得,增加半刚性基层的模量对降低路表弯沉作用并不显著。张睿卓等认为,提高路基的强度对降低路表弯沉的作用明显,因此可以通过增加路基模量的方式来降低路面结构的总体弯沉。

5.5.2 层底应力

为分析改良红土砾石基层路面结构层底部应力的分布情况,同样选取以水泥掺量为6%的改良红土砾石为底基层,厚度取25 cm,模量为500 MPa,计算得到距轮隙中心不同距离处沥青面层底部拉应力以及改良红土砾石底基层底部的应力值,其分布曲线见图5.12。

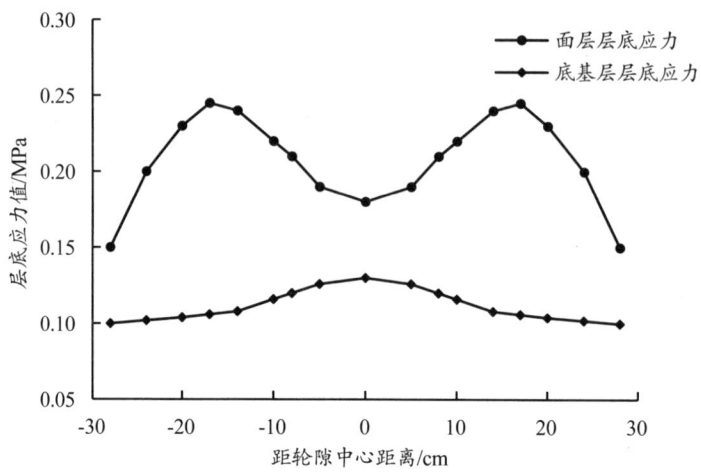

图5.12 面层与半刚性基层层底拉应力关系图

由图5.12可得,面层底部表现为拉应力,且最大拉应力值位于单轮轴载中心处。改良红土砾石底基层底部拉应力值在荷载作用区域内变化的幅度较小,且层底拉应力随着距轮隙中心距离的增大而减小,在双轮荷载中心处为最大值。将单轮荷载中心和双轮荷载中心分别作为面层底部与底基层底部应力值的控制点,计算得到不同改良红土砾石底基层模量与厚度下路面结构层底部应力值,其变化曲线见图5.13与图5.14。

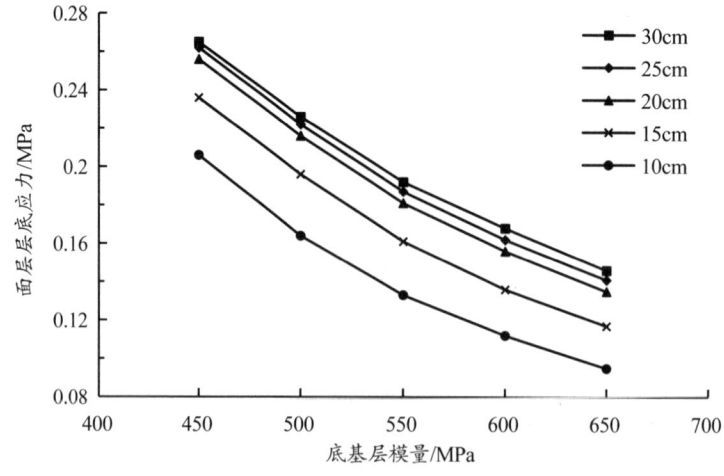

图5.13 沥青面层层底应力随底基层模量与厚度变化关系图

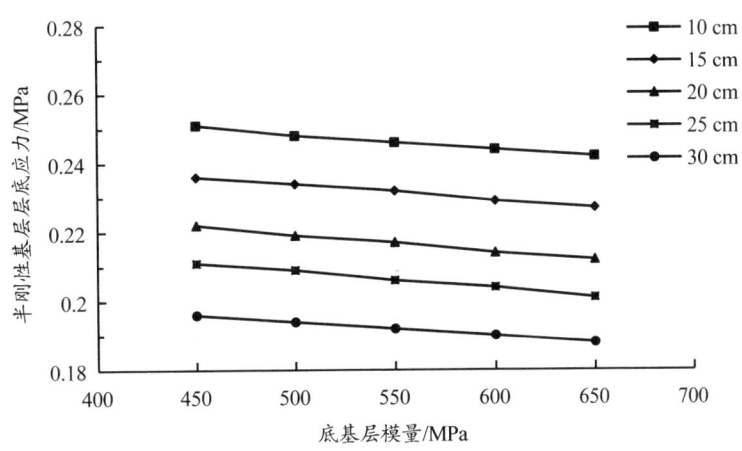

图5.14 半刚性基层层底应力随底基层模量与厚度变化关系图

由图5.13可以得出，在不同底基层厚度与模量下，沥青面层底部应力均为正值，表现为受拉状态。通过增加底基层的模量可以有效改善沥青面层的层底应力，当底基层的模量由450 MPa增大到650 MPa时，不同底基层厚度下的沥青面层拉应力均减少了45%以上。沥青面层底部拉应力随着底基层厚度的增加而增大，当底基层厚度从10 cm增加到15 cm时，沥青面层底部拉应力值出现了较大的增幅，随着底基层厚度的进一步增大，沥青面层底部拉应力值增加幅度有所减小。沥青面层底部拉应力值过大，容易导致面层开裂，所以在满足其他力学指标的情况下，应当尽量减小底基层的厚度。

由图5.14可以看出，半刚性基层底部拉应力随着底基层厚度与模量的增大而减小。增加底基层的模量并不能很好地改善半刚性基层底部拉应力。不同底基层厚度下，当其模量从450 MPa增大到650 MPa时，半刚性基层底部拉应力值仅仅降低了4%~7%。而增加底基层厚度可以显著地降低半刚性基层底部拉应力值，不同底基层模量下，当其厚度从10 cm增大到30 cm时，拉应力值均降低了32%左右。因此可以得出，增加底基层的厚度可以有效降低半刚性基层底部的拉应力，降低开裂危险。

5.6 本章小结

本章以刚果（布）基多公路道路整治和沥青铺设工程实例为依托，通过FLAC^{3D}软件建立模型，建立了以红土砾石与改良红土砾石作为底基层的结构，研究了红土砾石与改良红土砾石基层对公路结构层的影响；再分别以改良红土砾石底基层的厚度与模量作为变量，分析其对路面结构受力的影响。主要得出以下几个结论：

（1）分别以天然红土砾石、石灰改良红土砾石、水泥改良红土砾石分别作为基层材料，通过数值分析得出其应力、位移云图，以及不同参数条件下基层层底拉应力与位移曲线，可发现基本都满足力学指标，可以作为基层材料。考虑到改良红土砾石水稳性、耐久性较好，故选用石灰、水泥改良后的红土砾石为基层较理想。

（2）选取以水泥掺量为6%的改良红土砾石为底基层，厚度取25 cm，模量为500 MPa，通过数值分析计算出在标准轴载作用下距轮隙中心不同距离处的弯沉值，分析得出可以通过增加路基模量的方式来降低路面结构的总体弯沉。

（3）为分析改良红土砾石基层路面结构层底部应力的分布情况，利用FLAC3D软件计算得出沥青面层与底基层底部的应力值。综合面层与底基层底部拉应力分析得出：增加底基层模量可以有效改善沥青面层的层底应力，但对底基层底部应力变化影响不大；增加底基层厚度可以有效减小底基层底部的开裂程度，但是若厚度过大，容易导致面层开裂，所以在满足其他力学指标的情况下，应当尽量减小底基层的厚度。

第6章 红土砾石在路面工程中的应用

6.1 工程背景

6.1.1 工程简介

刚果（布）基班古至多利吉段道路整治和沥青铺设工程位于刚果（布）南部刚果河盆地的热带草原中，起点位于基班古（PK132+600），终点位于多利吉（PK225+945），全长93.345 km。沿线区域内年降水量1 200~1 600 mm，年平均温度24 ℃左右，最高温度超过30 ℃，季节性或年度昼夜温差小。沿线为热带气候，分旱季、雨季：雨季共8个月，从10月至次年5月，其中1月中旬至2月中旬为小旱季；旱季有4个月，从6至9月。项目大部分路段地势平坦，有较小起伏，海拔为45~304 m，农田较少。沿线大部分路段荒无人烟，社会治安情况比较好，民风较为淳朴，村镇内人民生活较为贫困。

刚果（布）基班古至多利吉老路路宽7~9 m，由马来西亚伐木公司进行定期维护，路况较好，部分路段坑洼较多，全线都铺筑红土砾石。整治工程设计路基宽12 m或13 m，路面宽7.5 m，两侧路肩宽2 m或2.75 m。横向坡度2.5%，填方边坡1∶1.5，挖方边坡1∶1。路面结构设计：25 cm厚红土砾石垫层、15 cm厚红土砾石底基层、20 cm厚级配碎石基层、5 cm厚沥青面层。

6.1.2 技术要求

根据官方提供的技术文件，用作路面结构垫层和底基层的材料与施工应满足一定的要求。

6.1.2.1 材料要求

垫层或底基层用的材料应具有以下技术特征：2 mm 筛孔过筛率小于50%；80 μm 筛孔过筛率小于25%；塑限小于25%；液限小于40%；浸泡4 d 后95% 压实度时的 CBR 承载比应大于或等于30%；线性膨胀度小于0.5%；有机物含量小于1%。

在垫层或底基层施工前，应考虑材料类型和施工设备。在试验路段对材料填筑和压实进行研究，对每1 000 m³ 材料和每个料场应进行粒度分析、击实试验、CBR 承载比试验和液塑限度试验，以获得相应参数。

6.1.2.2 施工要求

路面垫层和底基层施工应在土方路基或拓宽区域的整个宽度上布置。此外，还应在纵断面加高区域上布置，施工的最小厚度应按图纸要求进行。

施工前，应对拟用材料、设备类型进行试验段试证，确定材料填筑和压实方法，并在开工前21 d 前将试验路段的试验结果报送监理工程师审批。

材料采用施工机械均匀分层填筑，以保证压实后达到规定的厚度。如厚度超过规定值，将由施工方担相关责任。对于已经封闭的表面，不能为达到规定的厚度重新铺筑薄层。材料应洒水润湿，以保证含水量达到最优含水量（±1%）；当考虑到蒸发作用时，含水量可适当提高。

6.1.2.3 质量检验

施工后应对垫层、底基层的压实度、变形模量、弯沉、几何尺寸应进行检测。

压实度通过干密度测量检验。对于垫层，其干密度应大于或等于最大干密度的95%。每100 m 段在中心线两侧测量干密度。

变形模量采用面积为700 cm² 承载板进行测量。垫层的变形模量应大于或等于30 000 kN/m², 底基层的变形模量应大于或等于100 000 kN/m²。每千米将进行5次承载板试验。

弯沉试验使用贝克曼梁进行。每50 m段轮流在左侧、中心线和右侧进行。计算考虑值为90%距离的弯沉值。垫层的D90弯沉应小于180/100 mm。底基层的D90弯沉应小于150/100 mm。

6.2 红土砾石改良

6.2.1 材料准备

项目部进驻后首先对沿线拟采用的土方、红土砾石、碎石等原材料进行调查试验，开展材质对比试验，为选择料源提供依据。

调查发现在PK132+600、PK153+600、PK159+200、PK186+400、PK189+700、PK205、PK209+800、PK211+500、PK221+300、PK226+200处均有可供采选的红土砾石料场。可见沿线红土砾石分布比较丰富，为采用红土砾石填筑路面垫层、基层提供了基本条件。先后对上述料场的红土砾石进行了采样，送实验室或委托刚果（布）国家实验室进行工程性能测试。

取样方法对判定材料的质量具举足轻重的作用。为了使取样具有代表性，能反映料场天然红土砾石分布的真实性，本项目对每个料场的取样方式都进行了严格规划：首先划定料场范围，一般料场长宽均不小于200 m，清除料场的表层植被土，按图6.1所示取样点布置图确定取样点，每个料场取样点不少于5个，再在指定位置挖土取样（图6.2）。将取得的土样装入不透气的袋子中，扎紧袋口，然后将土样送往实验室检测。图6.3~图6.6为红土砾石土样的工程性能测试过程。

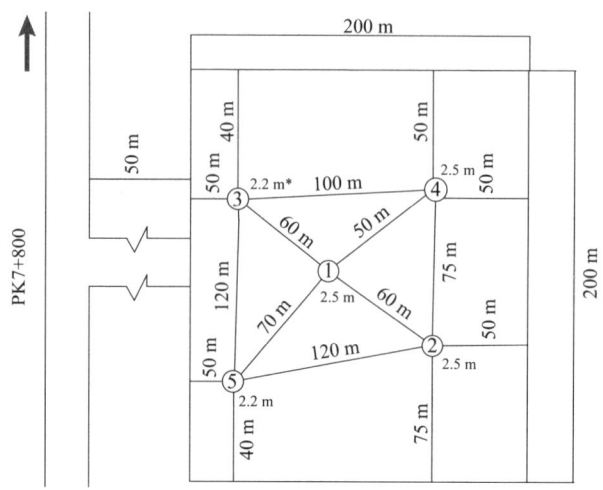

图6.1 料场取样点安排

注：图中小字尺寸为取样深度，其他尺寸为平面尺寸。

图6.2 挖土取样

图6.3 土样风干

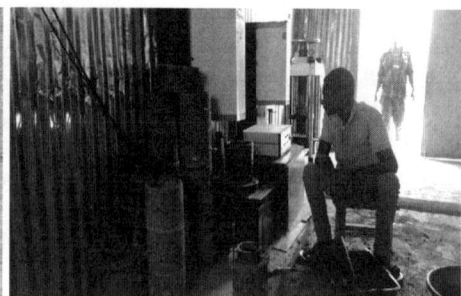

图6.4 土样拌和

图6.5 土样击实

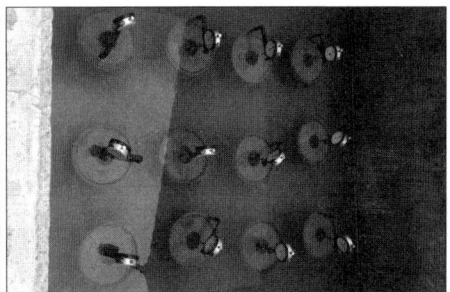
图6.6 CBR 试验

PK7+800料场5个取样点的现场勘测与土样实验室测试结果见图6.7和表6.1。5个取样点表面植被土厚度为0.3~0.5 m，其下均为红土砾石，厚度为3.5~3.7 m。对照业主的技术文件要求（表6.2）可知，该料场的红土砾石可以满足刚果（布）基班古至多利吉段道路整治和沥青铺设工程路堤本体、PST、垫层以及底基层的基本要求。

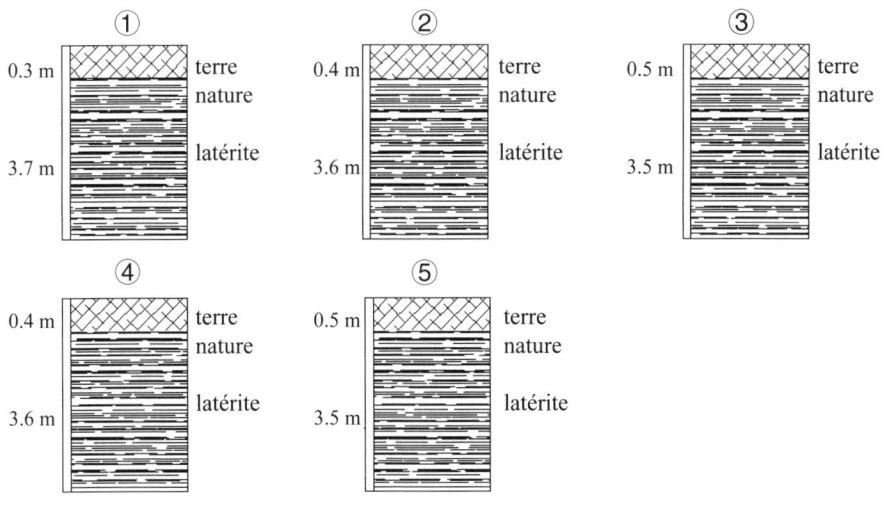
图6.7 PK7+800料场勘测结果

表6.1　PK7+800料场土样测试结果

取样点	取样深度	粒径要求 /%		液塑限 /%			最大干密度 δ_d/(t/m³)	最优含水量 W/%	CBR 95%OPM
		<2 mm	≤ 80 μm	WL	WP	IP			
1	2.5 m	28.45	20.55	38.3	18.8	19.5	2.09	10	34
2	2.5 m	35.55	20.05	36.6	18.	18.6	2.0	12.1	33
3	2.2 m	20.5	16.55	38.2	19.3	19.0	1.99	10	33
4	2.5 m	19.7	16.75	38.5	19.4	19.1	2.09	7.9	34
5	2.2 m	28.5	19.8	37.6	17.2	20.4	1.9	11.9	32
1,3,5 混合	—	24.95	18.95	38	18.1	19.9	1.97	9.6	36
2,4 混合	—	26.6	18.15	37.6	17.9	19.7	2.02	10	35

表6.2　道路结构层的填料要求

序号	目标层位	粒径要求 /%		液塑限 /%			最优值 δ_d/(t/m³)	W/%	CBR 95%OPM
		< 2 mm	< 80 μm	WL	WP	IP			
1	路堤本体	—	< 50%	< 50	—	< 25	—	—	≥ 15
2	PST 层	—	< 40%	< 50		< 25			≥ 20
3	垫层	< 50%	< 25%	< 40		< 25			≥ 30
4	底基层	< 50%	< 25%	< 40		< 25			≥ 30

材料得到业主和监理确认后，就可以进行红土砾石的开挖了（图6.8）。

图6.8　红土砾石开挖

6.2.2 稳定红土砾石

虽然试验结果表明，项目沿线的天然红土砾石可满足路面底基层的要求，但直接用作底基层的话，其强度还是偏低。因此，刚果（布）基班古至多利吉段道路整治和沥青铺设工程拟采用稳定红土砾石作用为路面底基层，还需结合现场条件进一步验证红土砾石的改良稳定参数。结合项目前期研究结果，拟采用水泥为结合料对红土砾石进行改良。初定水泥的掺量为1%、2%、3%、4%、5%，通过CBR试验测定不同掺量下水泥稳定红土砾石的承载特性。

为使实验结果能更好的指导工程施工，试样制作时考虑两种击实方法（轻型击实，每层55击；重型击实、每层98击）、两种含水量[8.6%(最佳含水率)、9.82%（天然含水率）]、三种压实度（90%、95%、98%）、五种水泥掺量（1%、2%、3%、4%、5%），水泥采用425# 普通硅酸盐水泥。每组制作3个试样，在养护室内进行标准养护（时间90 d，温度20℃±2℃，相对湿度95%以上）后进行CBR平行试验。

图6.9为不同掺量下水泥稳定红土砾石的CBR变化曲线（含水率为8.6%）。分析可知，两种击实条件下水同水泥掺量的稳定土CBR有着相同的发展规律，均随水泥掺量的增加而增大，随压实度的增加而增大；在相同压实度与水泥掺量条件下，一般重型击实时的承载力较轻型击实的要大，即重型击实对提高土样CBR值更为有效。从图中还可以看到，击实功、压实度、水泥掺量三者对土样的CBR都有明显影响。要满足技术标准要求（表6.2），若采用轻型击实，压实度达到98%、水泥掺量达到3%以上时，土样的CBR才大于160%。若采用重型击实，压实度需达到98%，水泥掺量必须大于2%；如果压实度仅有95%，水泥掺量必须达到5%才能满足要求。可见，为了降低成本，减少水泥掺量，应采用重型击实标准配置施工设备，严格控制压实度，使压实度达到98%以上。

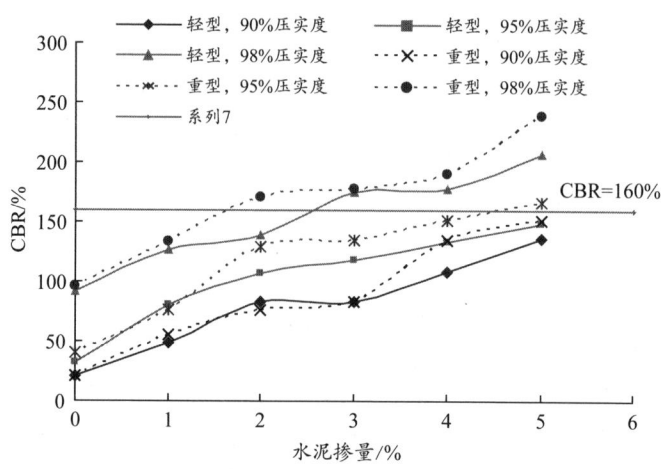

图6.9 土样CBR值随水泥掺量的变化曲线

在实际施工时,含水率是影响土样承载力的另一个重要因素。为此,控制试样的压实度为98%,先后完成了8.6%(最佳含水率)、9.82%(天然含水率)两种含水率下不同水泥掺量的CBR试验。试验结果见图6.10。不管是采用重型击实还是轻型击实,含水率为9.82%时的CBR值都要较最佳含水量8.6%时的CBR值要小。要满足水泥稳定后土样的CBR值不小于160%的要求,重型击实时最佳含水率下的土样只需掺入2%的水泥即可,而含水率为9.82%时,水泥掺量则需要达到5%。当采用轻型击实时,土样含水率为最佳含水率时需要掺入3%的水泥,而含水率为9.82%时,水泥掺量达到5%时仍达不到技术标准的要求。可见,含水率对稳定性土的CBR值有明显影响。当含水率超过最佳含水率,即使大幅增加水泥掺量也有可能达不到要求。因此,实际施工时应当严格控制土样的含水率。

结合试验结果,并考虑实际施工时不可避免地会出现一些差异,确定在现场施工采用重型击实标准配置施工设备,严格控制土样含水率和压实度,水泥掺量控制为4%。

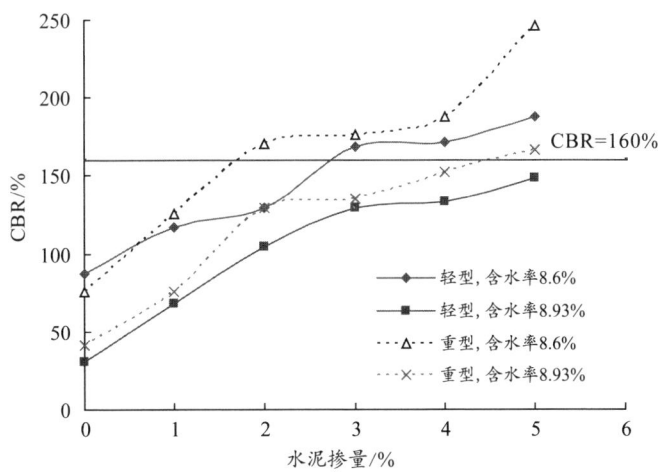

图6.10 不同含水率下土样CBR值随水泥掺量的变化

6.3 水泥稳定红土砾石底基层现场试验

6.3.1 试验段施工方案

为确定水泥稳定红土砾石基层施工时的机械配置和碾压次数、松铺系数等施工参数，拟开展水泥稳定红土砾石基层的现场试验。试验路段定在刚果（布）基班古至多利吉的BPK40+000—BPK42+000路段，长度为2 000 m。根据室内试验结果，采用4%的水泥掺量对红土砾石进行稳定，水泥采用425#普通硅酸盐水泥，配合比为：红土砾石：水泥：水=1：0.04：0.07。试验路段底基层设计厚度为15 cm，宽度为11 m，松铺系数暂定为1.2，松铺厚度取18 cm。

主要配备的设备有稳定土拌和设备、摊铺机、20 t单钢轮压路机、胶轮压路机、洒水车、装载机各一台（套），自卸车若干等。

6.3.2 试验段施工流程

试验段施工顺序：试验段准备→拌和→运输→摊铺→压实→控制（横坡）→自检（平整度，压实度，层实层厚）→养护→验收得出试验参数。

6.3.2.1 准备工作

基层铺设前,对底基层的标高、宽度、压实度等按规范要求进行验收,再恢复中线,并在两侧路肩边缘设置钢钎指示桩,然后根据基层铺筑高度进行水平控制测量,以便摊铺机控制标高。

6.3.2.2 拌和

考虑到路线长、红土砾石用料量大,为了便于后期道路施工,减少运距,稳定土拌和采用路拌法拌和;为使水泥和红土砾石搅拌均匀,试验段用料集中拌和。拌和前先测定红土砾石的含水量,再计算试验段所需红土砾石、水泥以及水的用量,然后将水泥、水分批分层均匀洒铺在红土砾石土层上,采用挖掘机进行反复翻动土料,直至拌和均匀,如图6.11所示。

图6.11 水泥拌和

6.3.2.3 运输

采用自卸汽车运输,运输能力同拌和能力相适应并有所富余,以保证施工的连续性。

6.3.2.4 摊铺碾压

采用ABG6820型摊铺机进行摊铺作业。水泥稳定红土砾石的压实是施工中至关重要的一环,压实度与设备能力、碾压遍数、含水量等密切相关。

碾压遍数和行驶速度按以下顺序：第一遍：静压，速度为1 km/h；第二遍：弱振，速度为1.5 km/h；第三遍：强振，速度为1.5 km/h；第四遍：强振，速度为2 km/h。根据现场测压实度情况，如压实度达不到再强振，直到达到压实标准为止。胶轮碾压至表面无轮迹。碾压程序：由低向高碾压、先轻后重、先慢后快、先静压后振动、先钢轮后胶轮。图6.12~图6.14为水泥稳定红土砾石底基层的摊铺过程。

图6.12 摊铺

图6.13 粗平

图6.14 精平

6.3.2.5 养生和交通管制

碾压完成并经检验合格后进行养生，养生期3 d左右，养生期间始终保持基层表面潮湿状态。养生期间实行交通管制，路口设明显标志牌和交通障碍物。设专人负责养生和交通管制。

6.3.3 试验段道路质量检测

试验路段的质量检测主要采用灌砂法及酒精烧干法测定压实度和含水率。养生3 d后用贝克曼梁以及承载板法测定了底基层的弯沉和回弹模量（图6.15）。检测从第三遍碾压后开始，按每75 m检测一个点，直至压实度检测满足设计要求，并测量终压后标高。终压后的含水率和压实度检测结果见图6.16和图6.17。回弹模量和弯沉检测结果见表6.3和表6.4。刚果（布）基班古至多利吉道路基层按法国设计规范要求：路面底基层的压实度≥98%，弯沉值＜90（0.01 mm），回弹模量≥100 MPa。从检测结果可以看到，试验路段所配置的主要机械设备、施工工艺能满足摊铺基层的施工要求。

图6.15　底基层弯沉检测

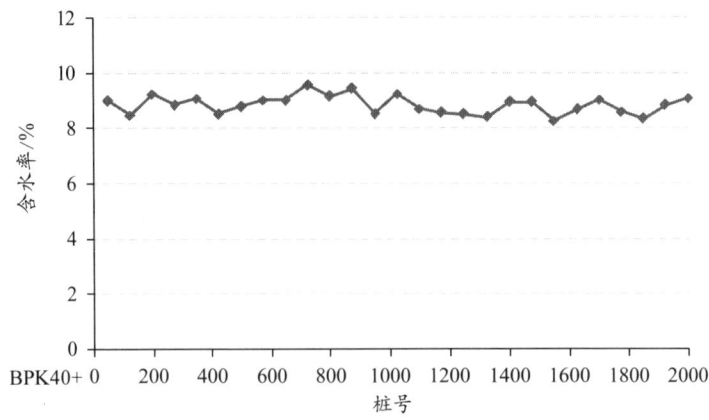

图6.16　底基层含水率检测结果

◎ 第6章 红土砾石在路面工程中的应用

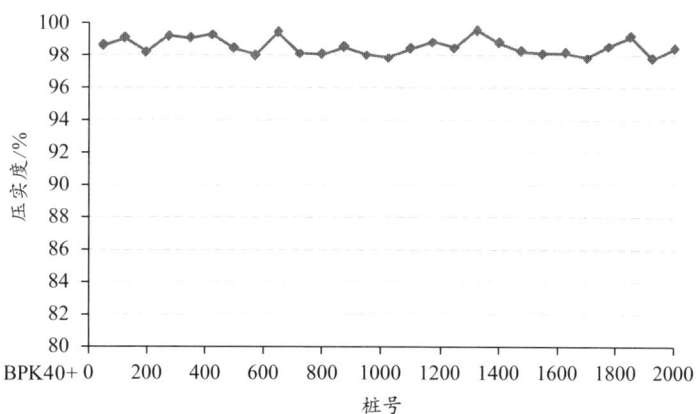

图6.17 底基层压实度检测结果

表6.3 底基层回弹模量检测结果

编号	桩号	千斤顶力值/t	载重/t	单位压强/MPa	加载时的读数/0.01 mm 左	加载时的读数/0.01 mm 右	卸载时的读数/0.01 mm 左	卸载时的读数/0.01 mm 右	形变/mm 左	形变/mm 右	形变/mm 平均	模量/(kN/m²)
1	41+850	12.2	17.65	0.25	424	358	392	322	0.26	0.28	0.27	218 166
		9.58	14.1	0.2	405	336	386	318				
2	40+040	12.2	17.65	0.25	357	342	341	330	0.26	0.22	0.24	245 437
		9.58	14.1	0.2	354	341	335	327				
3	40+350	12.2	17.65	0.25	321	295	311	282	0.18	0.24	0.21	280 499
		9.58	14.1	0.2	320	294	307	279				
4	40+650	12.2	17.65	0.25	379	329	335	315	0.24	0.24	0.24	245 437
		9.58	14.1	0.2	347	327	329	308				
5	40+950	12.2	17.65	0.25	477	450	434	407	0.24	0.24	0.24	245 437
		9.58	14.1	0.2	446	419	430	398				
6	41+250	12.2	17.65	0.25	439	398	400	355	0.26	0.26	0.26	226 557
		9.58	14.1	0.2	413	368	395	350				
7	39+550	12.2	17.65	0.25	395	334	356	302	0.26	0.26	0.26	226 557
		9.58	14.1	0.2	369	315	347	296				

表6.4 底基层弯沉检测结果　　　单位：0.01 mm

序号	桩号	位置	数值		形变
1	40+040	左	Z1	257	76
			Z2	219	
2	40+200	中	Z1	250	46
			Z2	227	
3	40+350	右	Z1	325	52
			Z2	299	
4	40+500	左	Z1	261	62
			Z2	230	
5	40+700	中	Z1	232	72
			Z2	196	
6	40+800	右	Z1	241	72
			Z2	205	
7	40+950	左	Z1	277	66
			Z2	244	
8	41+100	中	Z1	195	78
			Z2	156	
9	41+250	右	Z1	167	70
			Z2	132	
10	41+400	左	Z1	236	68
			Z2	202	
11	41+550	中	Z1	174	58
			Z2	145	
12	41+700	右	Z1	272	62
			Z2	241	
13	41+935	左	Z1	204	76
			Z2	166	
14	42+000	中	Z1	158	62
			Z2	127	

表6.4（续）

序号	桩号	位置	数值	形变
	形变均值		65.71	
	形变方差		9.38	
	形变测量结果		77.90	

6.3.4 水泥稳定红土砾石底基层施工质量控制要点

材料试验和试验路段的铺筑结果表明，水泥稳定红土砾石作为基层材料，具有黏结力强、抗剪力高、不透水性高、能降低弯沉值、抗水性能好等优点。由于当地气候湿热，水泥凝固非常快，从拌和到摊铺碾压一般不超过2~3 h。根据红土砾石和水泥稳定红土砾石的各种特性总结出质量控制方法。

6.3.4.1 拌和

严格控制混合料的含水量和水泥用量，做到配料准确，拌和均匀，天然混合料级配组成符合规范要求。拌和时含水量略大于最佳值，使混合料运到现场后碾压时含水量不小于最佳值。在拌和过程中，按重量比加水，严格控制水量、加水时间和加水位置。

6.3.4.2 碾压

碾压过程中，基层表面始终保持微湿状态。碾压时注意检测混合料含水量，及时调整控制混合料含水量使之接近于最佳值，如表面水分蒸发过快，则及时补洒少量水分。碾压进行至达到技术要求的压实度标准为止，然后用胶轮压路机碾压，直到表面光滑、密实无轮迹。严禁压路机在已完成的或正在碾压的路段上调头或急刹车，保证基层表面不受破坏。压实后的表面做到平整，无轮迹或隆起，不得产生"大波浪"现象，并确保压实度符合要求。

决不能过分碾压，否则不但起不到压实的作用，而且可能造成下层坚硬面的反弹，出现振松现象。同时碾压过程应严格控制在水泥凝固(2~3 h)期内，一旦水泥凝固，再进行碾压就会破坏基层的整体性。

总之，本次水泥稳定红土砾石基层试验路段的铺筑能满足法国规范对基层的要求，但不同的项目需要考虑水泥等原材料所在国的价格，进行经济分析对比后确定水泥掺量比例。并在材料配合比和施工工序上遵守各项规则，严格施工，这样方能保证水泥稳定红土砾石基层保持良好的营运状态。

6.4 水泥稳定红土砾石底基层施工方法

6.4.1 施工组织与施工工艺

结合试验路段的试验成果，可确定水泥稳定红土砾石的施工工艺，如图6.18所示。

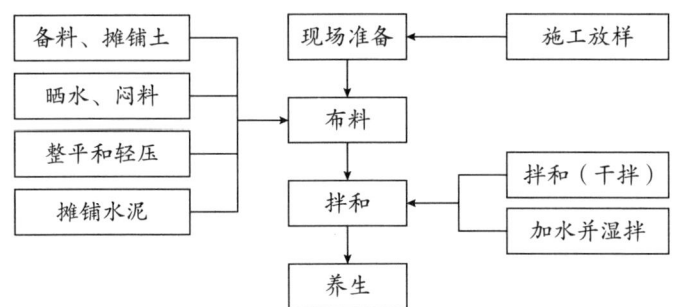

图6.18 水泥稳定红土砾石施工工艺流程图

6.4.1.1 红土砾石底基层施工步骤

6.4.1.1.1 技术、安全交底

组织现场施工负责人、测量负责人、安全负责人、环境负责人对本施工路段所涉及的各项规范和要求进行讲解。确保在施工路段正式开工前各岗位能明确自身责任和义务，保障工程严格按照规范实施。

6.4.1.1.2 设备检查

施工段开始前对所有将使用的机械、设备进行检查。确保所有设备处于良好状态，并经由监理工程师查看验收。

6.4.1.1.3 现场测量放样、运距确认

测量人员依据已批复的道路中线文件对施工路段进行放样工作，每25 m放道路中桩及两侧底基层的边桩，在曲线段，放样间距应适当减小。施工前向监理工程师提供红土砾石底基层填筑材料运输计划，经监理审批后，根据红土砾石底基层填筑材料运输计划明确运距，由测量监理工程师通过书面方式确认。

6.4.1.1.4 红土砾石底基层填筑施工

获得监理工程师的书面批准后，在现场测量人员和地质工程师的指导下，开始红土砾石底基层填筑工作。严格按照专业技术条款要求，底基层只有在底基层下层通过标高验收后才能进行红土砾石底基层施工。底基层的施工按照试验段施工中规定和确定的条件应为一层15 cm。

6.4.1.1.5 施工自检及报检

红土砾石底基层填筑完后，整平压实，测量人员进行高程测量和试验人员进行压实度试验，自检合格后报监理工程师进行红土砾石底基层的试验和高程验收。

6.4.1.2 施工人员、设备（表6.5）

表6.5 人员、设备表

项目名称	机械设备	数量	人员	数量
料场取料	挖掘机 推土机	2台 1台	现场负责人 推土机操作员 挖机驾驶员	1人 1人 2人
底基层填筑	推土机 自卸车 压路机	1台 4台 1台	现场负责人 推土机驾驶员 自卸车驾驶员	1人 1人 4人

表6.5（续）

项目名称	机械设备	数量	人员	数量
			压路机驾驶员	1人
测量控制	GPS 水准仪 50米尺	1套 1台 1把	测量人员 协助人员	2人 4人
实验控制	试验仪器	1套	试验人员 协助人员	2人 2人

6.4.1.3 质量保证

（1）施工前，承包商按照工地条件进行试验段填筑施工和压实试验，并在规定的时间内将结果提交监理工程师审批。保证需开采的料场都事先得到监理工程师批复。

（2）工程机械使用严格按照CCTP（中国清洁交通伙伴关系）规定。应实施超宽以保证底基下层边坡边界的压实度达到至少95%OPM。有缺陷的区域将被去除并重新压实，直至达到要求的压实度。

（3）内部监控实验将按照CCTP要求实施：轴线两侧每隔100 m一次干密度测量（≥95%OPM），每1 000 m进行5次板块变形测量（≥30 000 kN/m^2），并根据监理工程师要求，每50 m进行一次挠度试验（D90<180/100 mm）。

当这些试验的结果均合格后，向监理提出底基下层地质验收申请。

6.4.1.4 现场安全

在施工过程中，现场安全员应交代和强调施工机械保持前后安全距离，施工现场前后150 m处放置行车警示牌，安排专职安全人员（戴安全帽、穿反光衣）维持交通安全及现场车流调度。施工前，对机械操作手进行安全教育，对机械设备安全检查，保证施工人员安全施工。在非施工期间，施工机械应停放整齐，做到不影响原有道路的通行。

6.4.1.5 环境保护

对于现场施工,将多余的底基层材料弃置到弃方场。若雨季造成道路破坏,路两侧积水,应及时疏通临时排水沟,疏导积水。

6.4.2 施工方法

6.4.2.1 施工准备

对检验合格的路床进行清理,清除浮土和其他杂质;对土及水泥等材料抽检,合格后方可使用;对投入施工的所有设备均进行试运转,确保施工的正常进行;组织参加施工的相关人员学习规范要求,并做好技术交底。

6.4.2.2 测量放线

利用全站仪放出整段道路中边线,每20 m(平曲线每10 m)一个桩位。在两侧路肩边缘外设指示桩,指示桩上用标记标出水泥稳定土层边缘的设计高度和松铺高度。

6.4.2.3 备料

根据各段水泥稳定红土砾石土层的宽度、厚度及预定的干密度,计算各路段需要的干燥土的数量。根据料场土的含水量和所用自卸车的吨位,计算每车料的堆放距离。在路床表面绘制方格,呈梅花形均匀卸料。

在预定堆料的下承层上,堆料前应先洒水,使其表面湿润,但不应过分潮湿而造成泥泞。

6.4.2.4 摊铺土

根据试验确定土的松铺系数,计算松铺厚度。人工配合推土机摊铺均匀,然后用自行式平地机精平,保证表面平整,并有规定路拱。

6.4.2.5 洒水闷料

若整平土层含水量不足,应在土层上洒水闷料。洒水均匀,防止出现局部水分过多的现象。

6.4.2.6　整平和轻压

对人工摊铺的土层整平后,用6~8 t双轮压路机碾压1~2遍,并有一定压实度。

6.4.2.7　摆放和摊铺水泥

根据水泥稳定红土砾石层的厚度和预定的干密度及水泥剂量,计算每平方米水泥稳定土需要的水泥用量,并确定水泥摆放的纵横间距,在土层上做放置标记。

应将水泥当日直接送到摊铺路段,卸在做标记的地点,并检查有无遗漏和多余。运水泥的车应有防雨设备。

用平地机将水泥均匀摊开,并注意使每袋水泥的摊铺面积相等。水泥摊铺完后,表面应没有空白位置,也不存在水泥过分集中地点。

6.4.2.8　拌和（路拌）

采用稳定土拌和机进行拌和并设专人跟随拌和机,随时检查拌和深度并配合拌和机操作员调整拌和深度。拌和深度应达到稳定层底并宜侵入下承层5~10 mm,以利上下层黏结。严禁在拌和层底部留有素土夹层。通常应拌和两遍以上,在最后一遍拌和前,必要时先用多铧犁紧贴底面翻拌一遍。直接铺在土基上的拌和层也应避免素土夹层。

6.4.2.9　洒水湿拌

上述过程结束时,如果混合料含水量不足,应用喷管式洒水车补充洒水。

洒水后,应再次进行拌和,使水分在混合料中分布均匀。含水量宜略大于最佳值。对于稳定粗粒土和中粒土,宜较最佳含水量大0.5%~1%；对于稳定细粒土,宜较最佳含水量大1%~2%。

6.4.2.10 整形

混合料拌和均匀后,应立即用平地机初步整形。在直线段,平地机由两侧向路中心进行刮平;在平曲线段,平地机由内侧向外侧进行刮平。必要时,再返回刮一遍。

对于局部低洼处,应用齿耙将其表层5 cm以上耙松,并用新拌的混合料进行找平。不应形成薄层贴补现象。特别注意接缝必须顺适平整。

6.4.2.11 碾压

根据路宽、压路机的轮宽和轮距的不同,制定碾压方案,应使各部分碾压到的次数尽量相同,路面的两侧应多压2~3遍。

整形后,应立即用轻型压路机并配合12 t以上压路机在结构层全宽内进行碾压。直线和不设超高的平曲线段,由两侧路肩向路中心碾时,应重叠二分之一轮宽,后轮必须超过两段的接缝处,后轮压完路面全宽时,即为一遍。一般需要碾压6~8遍。压路机的碾压速度,前两遍以采用1.5~1.7 km/h为宜,之后宜采用2~2.5 km/h。

在碾压结束之前,用平地机再终平一次,使其纵向顺适,路拱和超高符合设计要求。终平应仔细进行,必须将局部高出部分刮除并扫除路外;对于局部低洼之处,不再进行找补,可留待铺沥青面层时处理。

6.4.2.12 养生

每一段碾压完成并经压实度检查合格后,应立即开始养生。每天洒水的次数应视气候而定。整个养生期间应始终保持稳定土层表面潮湿。养生期不宜少于7 d。

在养生期间,除洒水车外,应封闭交通。

图6.19~图6.25为水泥稳定红土砾石底基层的施工过程。

图6.19 料场开挖

图6.20 卸料

图6.21 水泥拌和

图6.22 摊铺

图6.23 初平

图6.24 精平

图6.25 成形

6.4.3 施工注意事项

（1）土装车时，应控制每车料的数量基本相等。

（2）卸料距离应严格掌握，避免有的路段料不够或过多。

（3）土在下承层上的堆置时间不应过长。运送土只宜比摊铺土工序提前1~2 d。

（4）严禁压路机在已完成的或正在碾压的路段上掉头或急刹车，应保证稳定土层表面不受破坏。

（5）碾压过程中，水泥稳定红土砾石层表面应始终保持湿润，如水分蒸发过快，应及时补洒少量的水，但严禁洒大量水碾压。

（6）碾压过程中，如有"弹簧""松散""起皮"等现象，应及时翻开重新拌和处理。

（7）经过拌和、整形的水泥稳定红土砾石土，宜在水泥初凝前并应在试验确定的延迟时间内完成碾压，且达到要求密实度，同时没有明显轮迹。

（8）摊铺土应在摊铺水泥的前一天进行。摊铺长度按日进度的需要量控制，满足次日完成掺加水泥、拌和、碾压成形即可。雨季施工，如第二天有雨，不宜提前摊铺。

（9）摊料过程中，应将土块、超尺寸颗粒及其他杂物捡除。如土中有较多土块，应进行粉碎。

（10）如拌和机械或其他机械必须到已压成的水泥稳定土层上掉头，应采取措施保护掉头作业段。一般可在准备用于掉头的8~10 m长的稳定土层上，先覆盖一张厚塑料布或油毡纸，然后铺上约10 cm厚的土、砂砾。整平后，用平地机将塑料布上大部分土除去，然后人工去除余下的土，并收起塑料布。

（11）施工缝（横缝）处理如下：

① 在已碾压完成的水泥稳定红土砾石层末端，沿稳定土挖一条横贯铺筑层全宽的宽约30 cm的槽，直挖到下承层顶面。此槽应与路的中心线垂直，靠稳定土的一面应切成垂直面，并放两根与压实厚度等厚、长为全宽一半的方木紧贴其垂直面。

② 用原挖出的素土回填槽内其余部分。

③ 第二天邻接作业段拌和后出去方木，用混合料回填。

④ 靠近方木未能拌和的一小段，应人工补充拌和。

⑤ 整平时，接缝处的的稳定材料应较已完成断面高出约50 mm。

⑥ 新混合料碾压过程中，应将接缝修整平顺。

（12）水泥稳定红土砾石层的施工应该避免纵向接缝，当道路很宽，必须分两幅施工时，纵缝必须垂直相接，不应斜接。施工缝（纵缝）处理如下：

① 在前一幅施工时，在靠中央一侧用与稳定土层的压实厚度相同的方木或钢模板做支撑。

② 混合料拌和结束后，靠近支撑的部分，应人工进行补充拌和，然后整形和碾压。

③ 在铺筑后一幅之前，拆除支撑。

④ 后一幅混合料拌和结束后，靠近前一幅的部分，宜人工补充拌和，然后进行整形和碾压。

6.5 本章小结

本章结合刚果（布）基多公路道路整治和沥青铺设工程的建设，开展了水泥稳定红土砾石底基层试验段施工试验，检测了试验段红土砾石底基层的施工质量，在此基础上形成了水泥稳定红土砾石底基层施工工法，并用于基多公路水泥稳定红土砾石底基层施工。

第7章 结论与展望

7.1 主要研究结论

随着国民经济的不断发展,中国的综合国力越来越强,中国的世界责任感也越来越强,对第三世界国家的援助也越来越多,特别是对非洲国家基础工程建设的援助力度很大,国内许多建筑企业都在参与非洲的建设。在非洲刚果盆地分布有一种由黏性土与碎砾石组成的红色岩土体,被称为红土砾石,具有较高的强度,常用于路基填筑。由于非洲地区工业基础薄弱、优质路面资源缺乏,若能将红土砾石用作路面基层或底基层材料,必将带来巨大的技术、经济和环保效益,也将提高中国企业海外项目的竞争力。为此,项目结合刚果(布)基班古至多利吉段道路整治和沥青铺设工程的建设,以刚果盆地红土砾石和国内桂林红土砾石为研究对象,开展红土砾石用于路面(底)基层铺筑的可行性与施工技术研究。

项目研究首先通过室内试验获得国内外红土砾石的工程特性,结合国内外规范和技术文件要求,分析了两种红土砾石路用的可行性,再选择水泥、石灰为改良剂,对不同掺量水泥、石灰改良红土砾石的工程性能开展了一系列的试验研究,分析了改良红土砾石的强度特性与形成及用作路面基层或底基层的可行性;采用正交试验理论,以 BISAR 3.0 为分析软件,对改良红土砾石用作路面(底)基层的合理结构与厚度进行了探讨;然后采用 FLAC 3D 建立数值分析模型,考虑材料特、车辆荷载、温度和降雨入渗等因素的影响,研究红土砾石(底)基层沥青路面结构的动响应规律;结合依托工程建设,对红土砾石底（底）基层的施工工艺与质量控制方法进行了分析。

项目研究的主要内容与结论有：

（1）通过天然非洲红土砾石和桂林红土砾石室内土工试验，获得了两种红土砾石的基本工程特性，结合国内路面设计规范和依托工程技术要求分析了两种红土砾石路用的可行性。结果表明：

① 非洲刚果红土砾石可以满足基多道路填方工程和垫层的要求，当压实度分别达到98%（CBR 为49.83%）以上时可以满足底基层填料的要求，即天然红土砾石可以直接作为路面底基层材料。若按国内规范要求，刚果盆地红土砾石可以满足高等级公路路床的要求，但当压实度达到96%时，其 CBR 值还未能达到规范要求的60%以上。可见，该红土砾石是一种良好的路基填料，强度高，可以用作路基填筑，但不宜直接用作路面底基层材料，应当对其进行改良。

② 国内桂林地区红土砾石的强度较刚果盆地红土砾石要差一些，但按国内规范要求，当压实度达到规范要求时，这种材料也能用作各级公路路基填筑料。虽然当压实度为98%时，土样的 CBR 为64.47%，达到路面底基层材料的要求，但桂林红土砾石的水稳性比较差，不宜直接作用路基底基层材料。

（2）以水泥、石灰为改良剂，制作了不同掺量（2%、4%、6%、8%）的水泥、石灰稳定红土砾石试样，先后完成了稳定红土砾石的 CBR 试验、无侧抗压强度试验、崩解性试验、渗透性试验、干缩试验、干温循环试验、回弹模量试验，结合规范与依托工程技术文件要求，分析了稳定红土砾石用作路面基层的可行性。研究表明，非洲稳定红土砾石的水稳性、抗渗性均优于桂林稳定红土砾石，无机结合料掺量越高效果越明显。非洲稳定红土砾石在水泥掺量为4%、石灰掺量为8%时，可满足路用强度要求；桂林稳定红土砾石在水泥掺量为6%时，可满足路用强度要求。

（3）以基多公路路基基层红土砾石为研究对象，水泥、石灰为改良剂，掺量分别为2%、4%、6%、8%，对红土砾石进行改良，对改良后的红土砾石与未改良红土砾石进行了三轴压缩试验，试验方式采取固结排水试验（CD）。试验结果如下：

① 分析了石灰、水泥改良红土砾石的强度形成机理，它们都是通过一系列的物理化学反应，使土颗粒之间密实，从而增强了改良红土砾石的强度与水稳定性。

② 对不掺改良剂的红土砾石进行三轴压缩试验，分析其应力-应变曲线，发现其破坏方式为鼓胀破坏，呈现应变硬化特性，并得出其黏聚力 c 为15.69，内摩擦角 φ 为13.16°。

③ 对经水泥、石灰改良后的红土砾石进行三轴试验，得出其应力-应变曲线、摩尔应力圆。分析数据得出：当石灰掺量为2%与4%时，与未改良的红土砾石进行对比，可以发现改良效果并不是特别明显，而当石灰掺量为6%时，改良效果显著，可以得出石灰掺量为5%~8%为合理掺量；经水泥改良的红土砾石，可以发现其力学强度得到了大大提高，远大于未掺改良剂的红土砾石，通过试验发现其破坏方式为脆性破坏，有明显的剪切破裂面，经试验数据分析得出当水泥掺量为6%时，其内摩擦角 φ 为最大，综合可得当水泥掺量为6%时，改良效果最好。

（4）基于正交试验理论对路面设计主要影响因素进行组合，以依托工程路面结构设计方案、半刚性路面结构、柔性路面结构为基础方案，采用BISAR 3.0对稳定红土砾石作为基层或底基层时的路面结构响应进行了分析，研究了稳定红土砾石用作路面结构层的合理层位与厚度并给出了建议方案。结果表明：

① 用于依托工程路面结构时：5 cm厚沥青混凝土；20 cm级配碎石（回弹模量550 MPa）；40 cm稳定红土砾石基层（回弹模量1 030 MPa）；25 cm稳定红土砾石底基层（回弹模量1 060 MPa）；地基模量70 MPa。

② 用于半刚性路面结构时：4 cm、5 cm、6 cm上中下三层沥青混凝土面层；40 cm稳定红土砾石基层（回弹模量1 150 MPa）；30 cm稳定红土砾石底

基层（回弹模量700 MPa）；地基模量60 MPa。

③ 用于柔性路面结构时：5 cm、6 cm 两层沥青混凝土面层；15 cm 沥青碎石层；25 cm 稳定红土砾石基层（回弹模量1 460 MPa）；25 cm 稳定红土砾石底基层（回弹模量800 MPa）；地基模量70 MPa。

（5）以稳定红土砾石强度试验结果为依据，基于FLAC^{3D}建立层状弹塑性路面结构分析模型，以路面结构的弯沉、层底拉应力、最大切应力为控制因素，对标准荷载作用下稳定红土砾石用作路面基层或底基层时路面结构响应进行分析，获得不同强度条件下路面结构的力学响应规律。通过数值分析发现，增加底基层模量可以有效改善沥青面层的层底应力，但对底基层底部应力变化影响不大；增加底基层厚度可以有效减小底基层底部的开裂程度，但是若厚度过大，容易导致面层开裂，所以在满足其他力学指标的情况下，应当尽量减小底基层的厚度。

（6）以稳定红土砾石强度试验结果为依据，基于FLAC^{3D}建立车辆动荷载流固耦合路面结构分析模型，考虑路面车辆行驶速度、车辆载重、基层强度的影响，开展了单辆车、多辆车在路面行驶时路面结构的动力响应析。研究表明，当车辆路面监测点时，路面各结构层的动附加应力、沉降、速度以及加速度等都表现为迅速增加，持续波动一段时间后会恢复。车辆以不同速度经过时，对道路系统的动附加应力、速度以及加速度的影响较小，但对沉降值有一定的影响。车辆速度越小，沉降值越大，随着车辆速度增加，沉降极值的差异越来越小。随着车辆载重增加，道路系统的动附加应力、速度以及加速度等均呈直线增加。且车辆载重越大，车辆行驶过后，造成的道路永久沉降值越大。当基层强度变化时，对动附加应力的影响不大，但对沉降及加速度影响较大。考虑降雨渗流作用时，道基层的最大动附加应力增加明显，且沉降极值及车辆经过造成的永久沉降都急剧增加。

（7）结合依托工程建设，开展了稳定红土砾石底基层路面施工技术研究。

通过试验段的修筑，对稳定红土砾石底基层的施工设备、施工工艺进行了验证，并对稳定红土砾石底基层的施工要点和施工质量进行了分析与总结。

7.2 展望

本项目研究通过大量室内试验分析对比了国内外红土砾石基本物理特性与工程特性，然后以刚果地区红土砾石为重点研究对象，进行了理论分析、室内试验，研究了刚果地区改良红土砾石的抗剪强度特性，再通过数值分析研究了改良红土砾石的路用性，得到了一些具有工程应用价值的结论，但由于时间与试验场地等限制，仍然存在许多问题与不足之处需要解决，主要包括有以下几点：

（1）项目研究主要对刚果、桂林红土砾石进行水泥、石灰稳定，并开展一系列强度、稳定性试验探究其工程以及路用性能分析，考虑的结合料种类较少，在以后研究中可采用更多类型的无机结合料对红土砾石进行稳定，并且希望能够使用各种稳定剂、加固剂来提高稳定红土砾石的工程性能。

（2）项目研究采用单轴双轮130 kN标准荷载（法国规范），使用BISAR 3.0对依托道路工程结构进行了分析，并采用单轴双轮100 kN标准荷载（国内规范）对传统的半刚性及柔性结构道路进行了最佳结构的分析。考虑的路面结构形式有限，在以后的研究工作中可考虑更多种路面结构形式，采用不同的设计软件和方法对路面结构进行分析。

（3）项目研究结合依托工程建设对稳定红土砾石底基层的施工工艺流程、设备及方法进行了分析，并通过施工道路质量检测与控制标准来规范施工。但限于非洲工程建设的条件，未能开展路面结构监测，以后如果有条件可在现场布设元器件，对路面结构受力性能和路面结构长期效果进行监测，为路面结构设计与评价提供科学依据。

参考文献

[1] 包龙生.海排灰在道路基层及底基层中的应用研究[D].西安:长安大学,2008.

[2] 蔡飞.水泥综合稳定砂砾基层材料抗裂性能研究[D].西安:长安大学,2003.

[3] 曹岩甫.网纹红土剑桥模型参数的试验研究[D].长沙:中南大学,2013.

[4] 曹长伟,罗志刚,钱劲松.西非马里地区级配红土粒料的室内试验研究[J].中外公路,2015,35(5):54-57.

[5] 曹自强,肖永贵,阙建荣.全风化花岗岩路基采取石灰改良土处理[J].湖南交通科技,2001,27(4):21-23.

[6] 陈爱军.南友公路膨胀土路堤石灰改良的试验研究[D].长沙:长沙理工大学,2004.

[7] 陈祥.大厚度半刚性基层沥青路面结构计算及其层间处理技术研究[D].长沙:长沙理工大学,2006.

[8] 陈忠达,伍建民,张小荣,等.干线公路沥青路面典型结构的研究[J].公路交通科技,2001,18(2):9-12.

[9] 高政.锦屏一级水电站左岸V#山梁"岩墙"边坡稳定性评价[D].成都:成都理工大学,2009.

[10] 郭一枝.水泥改良土在路基工程中的应用[J].湖南交通科技,2004,30(4):10-11.

[11] 郭奕清.科特迪瓦水泥稳定红土砾石基层[J].国外公路,1990(2):18-20.

[12] 郭永祥.半刚性基层沥青混凝土路面病害分析与路面结构设计参数研究[D].长

沙：中南大学，2012.

[13] 贺建清.石灰改良土路基填料的动力特性及应用研究[D].长沙：中南大学，2005.

[14] 贺仕俊.桂林地区红土砾石层工程地质特征分析[J].科技向导，2012（4）：96.

[15] 胡力群.半刚性基层材料结构类型与组成设计研究[D].西安：长安大学，2004.

[16] 胡奇凡.高速铁路路基填料改良试验研[D].长沙：中南大学，2011.

[17] 黄位鸿.广西桂林红土砾石工程研究分析[J].轻工科技，2013（1）：83-84.

[18] 蒋定生，李新华，范兴科.黄土高原土崩解速率变化规律及影响因素研究[J].水土保持通报，1995，15（3）：20-27.

[19] 蒋刚，王钊，邱金营.国产滤纸吸力-含水率关系率定曲线的研究[J].岩土力学，2000，21（1）：72-75.

[20] 劳丽燕，冯志秦，蓝俊康，等.灵山县花岗岩风化壳表土层的渗水试验[J].地下水，2013，35（3）：13-15.

[21] 李广信.高等土力学[M].北京：清华大学出版社，2004.

[22] 李霖，闫瑾.超载下倒装式沥青路面结构有限元分析[J].公路交通科技，2015，32（8）：25-28，33.

[23] 李喜安.黄土暗穴的成因及其公路工程灾害效应研究[D].西安：长安大学，2004.

[24] 蔺瑞玉.半刚性基层抗弯拉性能模型和强度指标关系研究[D].西安：长安大学，2008.

[25] 刘泽，杨果林，黄向京.钢丝网筋材的加筋作用特性试验研究[J].工业建筑，2011，41（5）：93-98.

[26] 刘祖亩.巧南东环铁路全风化花岗岩路基巧料改良研究[D].成都：西南交通大学，2009.

[27] 卢萌盟.预应力锚索加固基坑的三维数值研究[D].焦作：河南理工大学，2005.

[28] 罗雄章，李梅.石灰改良膨胀土胀缩性质和强度性质的研究[J].广西土木建筑，1998，23（4）：149-154.

[29] 牟春梅. 桂林地区红土砾石层工程地质特征分析 [J]. 工程地质学报, 2002, 11（2）: 186-188.

[30] 彭文斌. FLAC 3D 实用教程 [M]. 北京: 机械工业出版社, 2011.

[31] 瞿晓浩. 刚果（布）1 号公路红土粒料的分类和改良研究 [J]. 铁道勘测与设计, 2013（1）: 72-74.

[32] 沙爱民. 半刚性基层的材料特性 [J]. 中国公路学报, 2008, 2（1）: 1-5.

[33] 沙爱民. 半刚性路面材料结构与性能 [M]. 北京: 人民交通出版社, 1998.

[34] 沙庆林. 高等级公路半刚性基层沥青路面 [M]. 北京: 人民交通出版社, 1998.

[35] 沈金安. 国外沥青路面设计方法总汇 [M]. 北京: 人民交通出版社, 2004.

[36] 孙书伟, 林杭, 任连伟. FLAC 3D 在岩土工程中的应用 [M]. 北京: 中国水利水电出版社, 2011.

[37] 孙希望. 石灰土填料抗剪强度试验研究 [J]. 湖南城市学院院报（自然科学版）, 2011, 20（1）: 13-18.

[38] 万云东. 半刚性基层沥青路面反射裂纹的机理研究及数值模拟 [D]. 武汉: 华中科技大学, 2008.

[39] 王伯伟. 非洲地区的筑路材料: 红土砾石 [J]. 公路, 1985（12）: 25-29.

[40] 王方杰, 闫大江. 半刚性基层沥青路面应用探讨 [J]. 公路交通技术, 2008（3）: 43-45.

[41] 王加龙. 稳定粉土路面基层材料的路用性能研究 [D]. 重庆: 重庆交通学院, 2004.

[42] 王修山. 级配碎石基层沥青路面材料与结构特性研究 [D]. 西安: 长安大学, 2010.

[43] 魏道新. 半刚性基层沥青路面损坏模式与结构优化研究 [D]. 西安: 长安大学, 2010.

[44] 伍建民. 半刚性基层沥青路面使用性能衰变规律研究 [D]. 西安: 长安大学, 2005.

[45] 武和平. 高等级公路路面结构设计方法 [M]. 北京: 人民交通出版社, 1999.

[46] 武金婷. 半刚性基层合理层位与合理厚度研究 [D]. 西安: 长安大学, 2009.

[47] 熊向辉. 高速公路沥青路面半刚性基层研究 [D]. 西安：长安大学，2007.

[48] 徐华东，王磊，刘真国. 半刚性基层沥青路面开裂成因及处治措施 [J]. 中外公路，2008，28（5）：84-86.

[49] 杨广庆. 水泥改良土的动力特性试验研究 [J]. 岩石力学与工程学报，2003，22（7）：1156-1160.

[50] 杨开合. 尼日利亚道路工程红土粒料改良特性研究 [J]. 国防交通工程与技术，2017（1）：15-17.

[51] 杨青. 无机结合料稳定铁尾矿砂的路用性能研究 [D]. 大连：大连理工大学，2008.

[52] 杨锡武，梁富权. 养生条件对半刚性路面基层收缩特性的影响研究 [J]. 重庆交通学报，1995，14（3）：53-56.

[53] 姚爱玲，孙治军，戴经梁. 河南省沥青路面典型结构设计方法 [J]. 西安公路交通大学学报，1999，19（3）：18-21.

[54] 应巩邦，汪日灯，申景辉. 红土粒料在南苏丹朱巴国际机场改造项目中的应用研究 [J]. 路基工程，2016（1）：110-113.

[55] 张登良，邓学均. 路基路面工程 [M]. 北京：人民交通出版社，2001.

[56] 张登良，郑南翔. 半刚性基层材料收缩抗裂性能研究 [J]. 中国公路学报，1991，4（1）：16-22.

[57] 张齐齐，王家鼎，刘博榕，等. 水泥改良土微观结构定量研究 [J]. 水文地质工程地质，2015，42（3）：92-96.

[58] 张起森. 高等级路面结构设计理论与方法 [M]. 北京：人民交通出版社，2005.

[59] 张睿卓，凌天清，袁明，等. 半刚性基层模量对路面结构受力的影响 [J]. 重庆交通大学学报（自然科学版），2011，30（4）：755-758，863.

[60] 张铁志，赵辉，王梦竹. 铁尾矿与碎砖在道路基层中的综合利用 [J]. 辽宁省交通高等专科学校学报，2009，11（4）：1-4.

[61] 张晓冰，黄晓明. 半刚性基层沥青路面典型结构厚度设计研究 [J]. 中国公路学

报, 1999, 12（2）: 20-30.

[62] 张阳, 候相深, 马松林. 长寿命半刚性基层沥青路面的计算分析[J]. 哈尔滨工业大学学报, 2007, 39（4）: 622-626.

[63] 张羽彤. 硼灰材料在道路工程中的应用研究[D]. 长春: 吉林大学, 2011.

[64] 赵明龙, 王建华, 梁爱华. 干湿循环对水泥改良土疲劳强度影响的试验研究[J]. 2005, 26（2）: 25-28.

[65] 赵文友, 邓俊胜, 姜波. 水泥石灰稳定土半刚性基层缩裂分析[J]. 黑龙江交通科技, 2001, 1（5）: 38-39.

[66] 周大全, 甄玉凤. 非洲热带地区红土砾料在公路工程中的应用[J]. 中外公路, 2015, 35（4）: 124-127.

[67] 周易平. 高速铁路路基填料改良技术的研究[D]. 北京: 中国铁道科学研究院, 2000.

[68] 朱庭勇. 淄博市二灰稳定煤矸石路用性能分析[D]. 济南: 山东大学, 2011.

[69] AL-ABDUL WAHHAB H I, ASI I M. Improvement of marl and dune sand forhighway construction in arid areas[J]. Building and environment, 1997, 32(3): 271-279.

[70] BELL F G. Lime stabilization of clay minerals and soils[J]. Engineering geology, 1996, 412(4): 223-237.

[71] BROWM S F, THOM N H, SANDER P J. A study of grid reinforced asphalt to combat reflection cracking[J]. AAPT, 2001, 1(1): 23-24.

[72] ETSUO S, KATSUMI M. Study on properties of road bed chemically stabilized[J]. Railway technical research institute report, 1993, 7(10): 55-62.

[73] FAULKNER H, ALEXANDER R, TEEUW R, et al. Variations in soil dispersivity across a gully head displaying shallow subsurface pipes[J].Earth surface processes and landforms, 2004, 29(9): 1143-1160.

[74] OSULA D O A. Lime stabilization of clay minerals and soils[J]. Engineering geology,

1996, 42(1): 71-78.

[75] TERNAN J L, AELMES, FITZJOHN C, et al. Piping susceptibility and the role of hydro-geomorphic controls in pipe development in alluvial sediments Central Spain [J]. Zeitschrift fur geomorphologie, 1998, 42(1): 75-87.

[76] WEI Y-P, LIU J-L, MA S-B, et al. Study on the performance of graded gravel roadbase in freeway asphalt pavement[J]. Applied mechanics and materials, 2012, 1802(178): 1649-1652.